山东省技能型人才培养特色名校建设教材

搜索引擎营销

主　编：赵瑞旺　胡明丽
副主编：满　静　甄小虎　丛　琳　陈丽娜
编　者：王振友　庄　涛　张洪明

·北京·

图书在版编目（CIP）数据

搜索引擎营销/赵瑞旺，胡明丽主编. —北京：科学技术文献出版社，2015.9
（2020.9重印）
　ISBN 978-7-5189-0604-8

　Ⅰ.①搜…　Ⅱ.①赵…　②胡…　Ⅲ.①因特网—情报检索—市场营销学　Ⅳ.① F713.36

中国版本图书馆 CIP 数据核字（2015）第 189498 号

搜索引擎营销

策划编辑：崔灵菲　　责任编辑：张　丹　　责任校对：赵　瑷　　责任出版：张志平

出 版 者	科学技术文献出版社
地　　址	北京市复兴路15号　邮编　100038
编 务 部	（010）58882938，58882087（传真）
发 行 部	（010）58882868，58882870（传真）
邮 购 部	（010）58882873
官方网址	www.stdp.com.cn
发 行 者	科学技术文献出版社发行　全国各地新华书店经销
印 刷 者	北京虎彩文化传播有限公司
版　　次	2015年9月第1版　2020年9月第12次印刷
开　　本	787×1092　1/16
字　　数	92千
印　　张	5.75
书　　号	ISBN 978-7-5189-0604-8
定　　价	18.00元

版权所有　违法必究

购买本社图书，凡字迹不清、缺页、倒页、脱页者，本社发行部负责调换

前　言

近年来，随着电子商务的不断发展，越来越多的企业开始在互联网上推销自己的产品和服务，商业竞争也更加激烈。为了在更低的成本下占有更大的市场空间，企业从传统媒体的广告投放，开始更多地转向互联网广告，而在互联网广告中，搜索引擎备受青睐，越来越多的商家投入到了搜索引擎营销这一行业中。与传统营销方式相比，搜索引擎将会在企业营销中扮演非常重要的角色。

信息传播的方式和途径发生了重大变化，互联网包括移动互联网的地位不断上升并逐渐占据主要地位。在互联网中搜索引擎作为除即时通信以外的第二大应用，拥有庞大的用户群和独特的传播功能，因此搜索引擎营销日渐受到人们的重视。搜索引擎营销具有费用少、范围广、针对性强、效果转换率高等优势。对中小企业来说，搜索引擎营销无疑是以小博大的高性价比营销方式。而对企业来说，网站的视觉效果和"炫"功能已经不再是重点，重点在于有没有人来浏览自己的网站，有多少人来浏览自己的网站，又有多少人来网站发生了购买行为，这就需要做网站的推广。那么如何引导网民进入自己的网站，了解企业的产品和服务，搜索引擎推广在网络营销推广中占据着重要的地位。

本书以"项目引入、分析，知识点讲解"思路，在编写过程中邀请了潍坊威龙电子商务科技有限公司王振友参与，王工程师有着丰富的一线运营经验，在教材的编写过程中提供了大量的实际项目，并对项目进行了详细的分析与解剖，对认识搜索引擎营销、搜索引擎营销机会分析、策划搜索引擎营销网站、搜索引擎营销关键词运用、搜索引擎URL优化、搜索引擎营销方案设计、制定网站提交后的策略做了深入的解析，可使读者将所学知识与实际应用相结合，加深理论知识的理解。

编　者
2015年6月

目录 Contents

项目一　认识搜索引擎营销 1
 任务 1　了解搜索引擎营销 1
  1.1.1　案例描述 1
  1.1.2　相关知识 2
 任务 2　竞价排名 6
  1.2.1　案例描述 6
  1.2.2　相关知识 6

项目二　搜索引擎工作原理 8
 任务 1　搜索引擎对页面的收录 8
  2.1.1　案例描述 8
  2.1.2　相关知识 8
 任务 2　网页分析 11
  2.2.1　案例描述 11
  2.2.2　相关知识 12
 任务 3　页面排序 13
  2.3.1　案例描述 13
  2.3.2　相关知识 13
 任务 4　关键字查询 15
  2.4.1　案例描述 15
  2.4.2　相关知识 16

项目三　搜索引擎营销机会分析 19
 任务 1　分析目标顾客行为 19
  3.1.1　案例描述 19
  3.1.2　相关知识 19

任务2 分析目标顾客搜索关键词 24
    3.2.1 案例描述 24
    3.2.2 相关知识 25

项目四 策划搜索引擎营销网站 27
  任务1 创建搜索引擎友好的页面 27
    4.1.1 案例描述 27
    4.1.2 设计方法 27
  任务2 关键字评估 32
    4.2.1 案例描述 32
    4.2.2 相关知识 32

项目五 搜索引擎营销关键词运用 36
  任务1 关键字寻找 36
    5.1.1 案例描述 36
    5.1.2 相关知识 37
  任务2 关键字评估 46
    5.2.1 案例描述 46
    5.2.2 相关知识 47

项目六 搜索引擎 URL 优化 52
  任务1 URL 优化 52
    6.1.1 案例描述 52
    6.1.2 相关知识 53
  任务2 实现 URL 重定向 59
    6.2.1 案例描述 59
    6.2.2 相关知识 61

项目七 搜索引擎营销方案设计 65
  任务1 铁友网站搜索引擎优化 65
    7.1.1 案例描述 65
    7.1.2 相关知识 66
  任务2 一淘网搜索引擎优化 70
    7.2.1 案例描述 70

　　　　7.2.2　相关知识 71

项目八　制定网站提交后的策略 76
　　任务 1　使用链接提高网站排名 76
　　　　8.1.1　任务描述 76
　　　　8.1.2　相关知识 77
　　任务 2　建立链接 80
　　　　8.2.1　任务描述 80
　　　　8.2.2　相关知识 81

参考文献 83

项目一

认识搜索引擎营销

知识目标：

- 了解网络营销
- 理解搜索引擎营销
- 了解竞价排名

能力目标：

- 会分析网络营销案例
- 能掌握搜索引擎营销的方式

任务1　了解搜索引擎营销

1.1.1　案例描述

在不同的搜索引擎中，广告展示的位置及方式会有所区别。例如，百度、搜狗的广告位置（如图1-1和图1-2所示），最多时会展示10个相关的关键字广告。

图1-1　百度广告展示位置

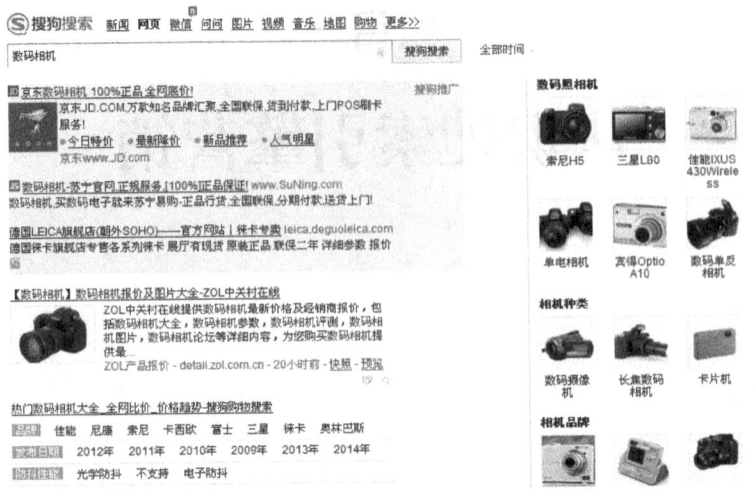

图1-2 搜狗广告展示位置

在搜索结果页面中,搜索引擎除了向用户提供与其查询内容相关的普通信息外,还会在相应的位置上附加与查询内容相关的广告信息。然后,通过统计用户点击广告的次数来收取商家相应的广告费用。在搜索结果页面的广告中,广告质量越高(或客户支付的每次点击费用越高、广告点击率越大、广告着陆页与关键字相关性越强),排名就越靠前,也就能向越多的潜在用户推销其产品(或服务)。

1.1.2 相关知识

通过关键字广告,很多企业都切身感受到了搜索引擎营销带来的好处,但是其高昂的费用及负面影响又让很多企业望而却步。因此,我们迫切需要另外一种成本更低、回报率更高的方式来开展搜索引擎营销,这就是搜索引擎优化(SEO)。

(1) SEO 基本概念

SEO 是 Search Engine Optimization 的缩写,中文为搜索引擎优化。根据操作的意图,SEO 又被称为"网站优化"或者"搜索引擎最优化"。但这两个概念之间存在着本质的区别。网站优化是指在对网站进行调整时,以提高网站的用户体验、完善网站功能为根本出发点,最终提高网站的搜索引擎友好性。搜索引擎最优化则恰恰相反,以提高网站的搜索引擎友好性为根本出发点,关键时刻甚至置网站的用户体验及网站功能于不顾。

假设互联网是一个巨大的图书馆,那么搜索引擎就是图书管理员,而用户则是阅览者,一个网站就相当于一本书,搜索引擎优化者就相当于图书的责任编辑,他们在图书出版之前就对图书的内容进行完善，提高图书的可读性。一本图书只有当图书管理员或读者认为它有价值的时候，才会被图书馆收藏并放到相应书架的最佳位置。同样，如果一个网站要想被搜索引擎收录，那么它本身必须具备一定的价值或者得到一部分用户的肯定。图书管理员对图书的管理行为取决于他的管理水平。首先，图书管理员会根据图书的名称等信息确定图书的类别；然后，再根据图书的简介、目录、内容等判断图书的内在价值；最后，综合出版社、作者知名度等因素决定图书摆放的位置。由于阅览者对书架上每个位置的关注度是不一样的，管理员会把他认为最重要的图书放到书架中最明显的位置。这样，这本图书得到阅览的机会就会大大增加。

其实图书的名称就相当于网站的名称，前言或简介就相当于首页的描述，而出版社或者作者知名度就相当于外部网站对我们网站的认可程度。如果一个网站主题明确、内容丰富、结构合理清晰，并得到大量外部权威网站的认可，那么它就可以得到更多向用户展示的机会。图书的主题、目录及内容是由作者制定的，经过与责任编辑协商、修改后完成。经过修改后的图书主题更鲜明、目录更清晰、可阅读性更高。搜索引擎优化者也一样，对网站进行综合调整以后，使得网站对于用户及搜索引擎都更加友好，从而提高网站在搜索引擎中的表现。

(2) SEO 与搜索引擎广告的区别

SEO 与搜索引擎关键字广告有着本质的区别，搜索引擎优化是通过对网站进行必要的调整，提高网站的搜索引擎友好性，从而提高网站在某些关键字搜索结果中的排名。要了解 SEO 技术，我们首先要从了解 SEO 的历史开始。

(3) SEO 发展历史

互联网出现的初期，人们要在茫茫的互联网中找到所需的信息就如同大海捞针，直到搜索引擎的出现，这种情况才有所改观。例如，曾经风靡一时的目录式搜索引擎雅虎，它通过人工的方式收集网站信息，再对收集回来的网站进行分类。这样，用户在寻找信息的时候，只要浏览相应的目录或者使用雅虎的目录搜索功能即可，既快捷又准确。随着使用者的不断增加，雅虎为分类目录下的网站带去的用户越来越多。网站主显然也意识到了这一点，而且，他们还发现在分类页面中排名越靠前的网站得到用户访问的概率就越高。于是，开始对雅虎分类目录页面的排名规则进行研究，并通过相应的调整提高网站在分类页面上的排名，这就是初期的 SEO。

在 2003 年左右，国内出现了第一批搜索引擎优化爱好者，他们聚集在少数几个论坛上发表各自的见解，分享搜索引擎优化的经验，但以搜索引擎优化作为职业的人还是屈指可数。

2004—2005年，搜索引擎优化技术得到了广泛的传播。在这段时间里，不少个人或者公司开始尝试商业化运作，整个行业呈现出一片"繁荣"的景象。但是，由于大部分从业人员的贪婪及无知，整个行业陷入了一片混乱，搜索引擎优化也成了作弊的代名词。

从2005年下半年开始，由于搜索引擎算法的改进（例如，Google的佛罗里达及阿斯汀更新），搜索引擎优化行业随即掀起一次空前的大洗礼，滥竽充数者在这场竞争中被无情地淘汰，整个行业得到了一定的净化。但经历近两年的摧残，整个行业已经伤痕累累。

2005年下半年至2006年相对平静，整个行业在一定程度上得到了休养生息，从而渐渐恢复该有的生机，搜索引擎优化也渐渐地得到了更多人的认可。

2007—2008年，"黑帽SEO"手法层出不穷，整个行业随即又陷入了一片混乱，但由于搜索引擎算法已经相当完善，尽管受到"黑帽SEO"的困扰，但没有出现像2005年那样的惨况。

自2009年开始，搜索引擎优化行业开始逐渐地朝着正规化、规模化的方向发展，涌现出不少实力强大的服务提供商，更多的人开始正确地认识和对待SEO。

2013年，随着搜索引擎技术的不断改进与完善，过去所谓的优化方法或手段已不大奏效，甚至被列为违规。因此，SEO逐渐回归本质，即以提高网站的用户体验为基础，最终达到提高网站搜索引擎友好性的目的。

(4) SEO优缺点

SEO能在与关键字广告的竞争中脱颖而出，受到广大客户的追捧，必定有其魅力所在。作为主要的搜索引擎营销方式，SEO除了具备搜索引擎营销的优点外，还有以下独特的优势：

①成本较低

从某个角度上看，SEO是一种"免费"的搜索引擎营销方式。对于个人网站来说，只要站长掌握一定的搜索引擎优化技术即可；而对于企业来说，成本主要来自从事搜索引擎优化员工的薪酬或雇用专业搜索引擎优化公司所花费的费用。

②具有持久性

一般情况下，采用正规方法进行优化的网站，排名效果会比较稳定。除非搜索引擎算法发生重大改变或者强大的竞争对手后来居上，否则不会有太大的变化。

③不需要承担无效点击的风险

无论点击网站的是潜在客户还是竞争对手，我们都无须为此付出任何代价。

尽管搜索引擎优化具备如此多的优势，但它毕竟是依附于搜索引擎生存的，因此也会存在一些不可克服的缺点，主要表现在以下几个方面：

①施工时间长

从开始对网站进行优化到实现关键字的目标排名，一般需要 2～6 个月。对于竞争十分激烈的关键字，还可能需要一年甚至更长的时间（网站优化时间的长短主要取决于所选择的关键字的竞争激烈程度、优化者水平及搜索引擎等一些不确定的因素）。

②具有不确定性

搜索引擎优化人员并不是搜索引擎的开发者，与搜索引擎也没有什么密切关系，所以，并不能向任何人保证在指定时间内，实现某一关键字的指定排名。

③具有被动性

搜索引擎会不定期改进算法（甚至为了自身利益而对某些网站或者行业进行人为干预，以迫使这些用户投放关键字广告），这就要求我们要对网站进行及时调整以迎合新算法，这样才能长久享受搜索引擎带来的好处。

(5) SEO 应用领域

①企业网站

企业网站通过优化以后，可以极大增加向目标客户展示产品或者服务的机会，从而提高企业的影响力，提升品牌的知名度。例如，某个生产手机的企业，如果用户在搜索"手机"的时候，该企业的网站能够出现在前几位，那么就可以得到更多用户的点击，而这些用户可能是竞争对手、潜在客户或者相关信息的需求者。

②电子商务型网站

电子商务型网站经过优化后可以通过搜索引擎向更多的潜在消费者推销自身的产品，从而节省巨额的广告费用，提高产品销量。

③内容型网站

资讯内容型网站经过优化后，可以极大提高网站的流量，从而进一步蚕食强者的市场，最终后来居上，成为行业的领先者。

任务2 竞价排名

1.2.1 案例描述

在"数码相机"的搜索结果中，名列前5位的网站都是通过竞价的方式而得以展示的，这样在搜索结果的第一页就只剩下5个自然排名结果，如图1-3所示。

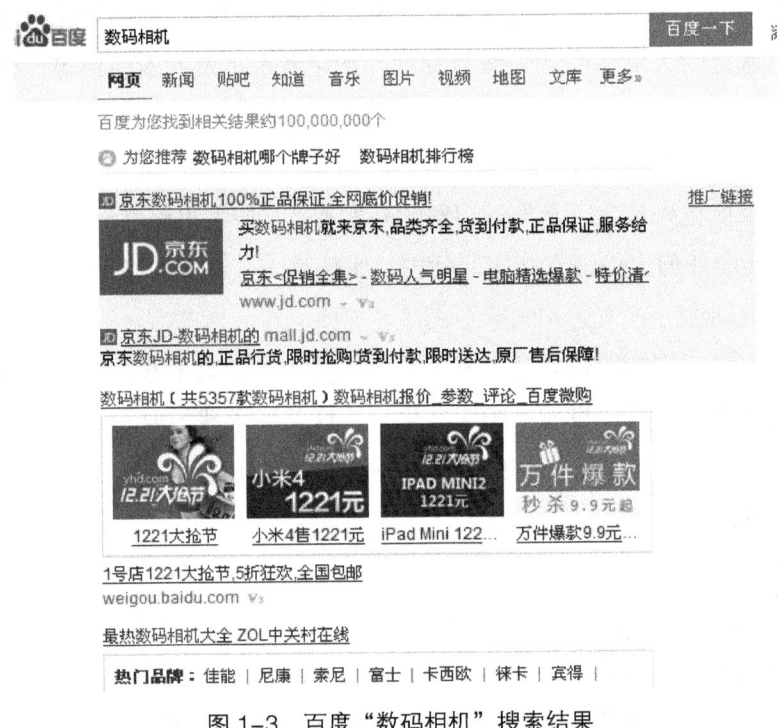

图1-3 百度"数码相机"搜索结果

1.2.2 相关知识

竞价排名就是指以竞价的方式拍卖搜索结果排名的行为。不管网站内容的真实、优秀与否，只要付出足够多的费用，你就可以在任意关键字上取得任意想要的排名。竞价排名是百度以前独有的盈利模式，由于严重影响用户体验，百度目前已经放弃了这种竞价排名的广告方式，转而采取关键字广告的方式。

关键字广告以搜索引擎为后盾，占据了天时、地利。以关键字广告方式开展搜索引擎营销，费用低、见效快。付款后即可在搜索引擎提供的广告平台上进行关键字广告投放，只要广告内容不违反搜索引擎制订的相关条款，客户又付出足够的费用，就可以在广告区域上取得较好的排名。在享受关键字广告给我们带来好处的同时，我们却不能避免其负面影响。以关键字广告的方式开展搜索引擎营销，时效是有限的，仅存在于付费推广期间。

随着参与同一关键字广告投放的网站增多，每一点击所产生的费用也会变得越来越高。例如，在 Google 页面中，有的关键字每一点击甚至需要几十美元。不能避免无效点击。无效点击在业内已经是公开的秘密。目前除了 Google 能有限地进行监控以外，其他的搜索引擎都束手无策，个别搜索引擎甚至人为操纵点击数据，牟取不义之财。既然无效点击是不能避免的，那么我们就需要为其付出高昂的代价。产生无效点击的原因主要包括以下两点：

第一，来自竞争对手的恶意点击。对于监控无效点击行为较差的搜索引擎来说，竞争对手的恶意点击所产生的费用是相当惊人的。

第二，广告与自然搜索结果混淆而导致的无效点击。每个搜索引擎都会把竞价排名与自然结果进行区分，但不同的搜索引擎区分的形式存在着明显的差别。

项目二

搜索引擎工作原理

知识目标：
- 了解搜索引擎收录页面的原理
- 理解页面分析的方法
- 了解页面排序的方法
- 掌握关键字查询的方法

能力目标：
- 能够使用相应的工具对网页进行分析
- 能够使用相应的工具进行关键字查询

▶ 任务1　搜索引擎对页面的收录

2.1.1　案例描述

选择一家本地中小企业网站提交给主流搜索引擎。

2.1.2　相关知识

搜索引擎收录页面实际上就是在互联网进行数据采集，这是搜索引擎最基础的工作。搜索引擎的数据采集能力直接决定搜索引擎可提供的信息及对互联网覆盖的范围，从而影响搜索引擎的质量。因此，搜索引擎总是想方设法提高它的数据采集能力。

（1）页面收录流程

在互联网中，URL是每个页面的入口地址，搜索引擎蜘蛛程序就是通过URL

抓取到页面的。搜索引擎蜘蛛程序从 URL 列表出发，通过 URL 抓取并存储原始页面；同时，提取原始页面中的 URL 资源并加入到 URL 列表中。如此不断循环，就可以从互联网中获取到足够多的页面。

URL 是页面的入口，而域名则是网站的入口。搜索引擎蜘蛛程序通过域名进入网站，从而展开对网站页面的抓取。换言之，搜索引擎要在互联网中抓取页面的首要任务就是建立一个庞大的域名列表，再通过域名进入相应的网站，从而抓取这个网站的页面。

而对于网站来说，如果想要被搜索引擎收录，首要的条件即是加入搜索引擎的域名列表。下面向大家介绍两种加入搜索引擎域名列表的方法：

①利用搜索引擎提供的网站登录入口，向搜索引擎提交网站域名。例如，Google 的网站登录地址是 www.google.com/intl/zh-CN/add_url.html. 对于提交的域名列表，搜索引擎只会定期进行更新。因此，这种做法比较被动，从域名提交到网站被收录花费的时间也比较长。

②通过与外部网站建立链接关系，使搜索引擎可以通过外部网站发现该网站，从而实现对该网站的收录。这做法主动权掌握在我们自己的手里，而且收录速度也比向搜索引擎主动提交网站域名快得多，根据外部链接的数量、质量及相关性，一般情况下，2～7 天就会被搜索引擎收录。

（2）页面收录原理

通过学习"页面收录流程"可以掌握加快网站被收录的方法，而通过学习页面收录原理，则可以提高搜索引擎收录的数量。

如果把一个网站页面组成的页面看作是一个有向图，从指定的页面出发，沿着页面中的链接，按照某种特定的策略对网站中的页面进行遍历。不停地从 URL 列表中移出已经访问的 URL，并存储原始页面，同时提取原始页面中的 URL 的信息；再将 URL 分为域名及内部 URL 两大类，同时判断 URL 是否被访问过，将未访问过的 URL 加入 URL 列表中。递归地扫描 URL 列表，直至耗尽所有 URL 资源为止。经过这些工作，搜索引擎就可以建立庞大的域名列表、页面 URL 列表并储存足够多的原始页面。

（3）页面收录方式

了解了"页面收录流程"和"页面收录原理"，然而在搜索引擎中要获取相对重要的页面，就涉及了搜索引擎的页面收录方式。

页面收录方式是指搜索引擎抓取页面时所使用的策略，目的是为了能在互联网中筛选出相对重要的信息，页面收录的方式的制订取决于搜索引擎对网络结构的理解。如果使用相同的抓取策略，搜索引擎在同样的时间内可以在某一网站中抓取到更多的页面资源，则搜索引擎会在该网站停留更长的时间，收录的页面数自然也就更多。因此，加深对搜索引擎页面收录方式的认识，有利于为网站建立友好的结构，提高被收录的数量。

搜索引擎搜索收录页面的方式主要有"广度优先""深度优先"和"用户提交"（用户提交暂时不讲）3种。

①广度优先

如果把整个网站看作一棵树，首页就是根，每个页面就是叶子。广度优先是一种横向的页面抓取方式，先从树的较浅层开始抓取页面，直至抓完同层次的所有页面后才进入下一层。因此，在对网站进行优化时，我们应该把网站相对重要的信息展示在层次比较浅的页面上（如在首页推荐一些热门的内容）。反过来，通过广度优先的抓取方式，搜索引擎就可以首先抓取到网站中相对重要的页面。

"蜘蛛"先从网站的首页出发，抓取首页上所有链接指向的页面，形成页面集合 A，并分析出 A 中所有页面中的链接；然后再在跟踪这些链接抓取下一层的页面，形成页面集合 B……就这样递归地从浅层页面中解析出链接，再从深层页面解析出链接，直至满足某个设定的条件才停止抓取进程。

②深度优先

与广度优先的抓取方式相反，深度优先首先跟踪浅层页面中的某一链接后逐步抓取深层页面，直至抓完最深层的页面才返回浅层页面再跟踪其另一链接，再继续向深层页面抓取，这是一种纵向的页面抓取方式。使用深度优先的抓取方式，搜索引擎可以抓取到网站中较为隐蔽、冷门的页面，这样就能满足更多用户的需求。

搜索引擎会先抓取网站的首页，并提取首页中的链接；然后再沿着其中的一个连接抓取到页面 A-1，同时获取 A-1 中的链接并抓取页面 B-1，再获取 B-1 中的来链接并抓取页面 C-1……如此不断地重复，满足到某个条件后，再从 A-2 抓取页面及链接。

任务 2　网页分析

2.2.1　案例描述

（1）Google Analytics

Google Analytics 现在也提供实时报告了，用户可以查看目前网站上有多少访客、这些访客正在看哪些页面，及他们从哪里来等（如图 2-1 所示）。

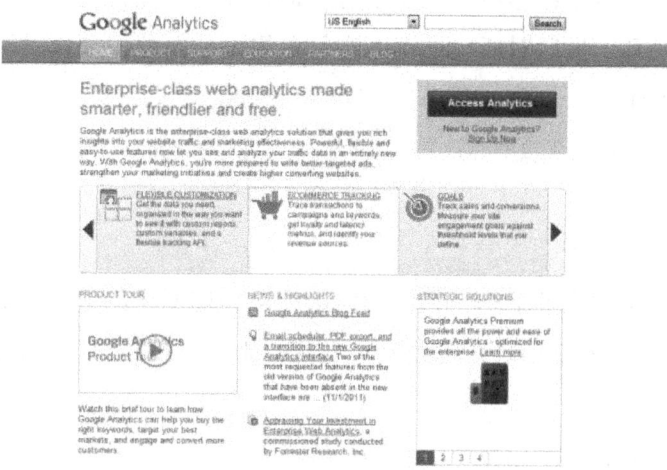

图 2-1　实时报告

（2）Clicky

Clicky 提供了非常好的实时分析工具（如图 2-2 所示）。它也提供了手机版本 ClickyTouch。

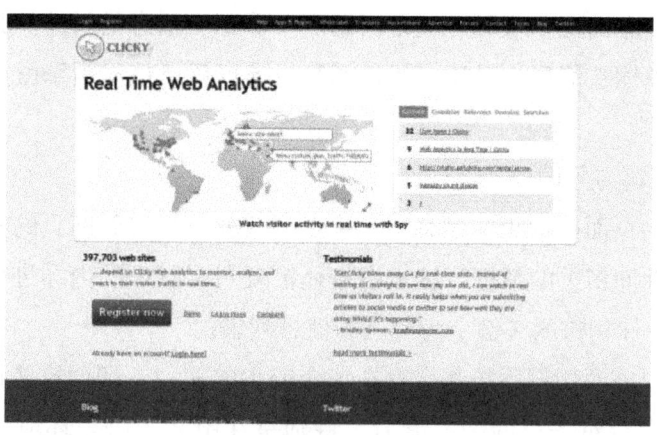

图 2-2　实时网页分析

2.2.2 相关知识

页面抓取只是搜索引擎工作的一个基础环节,页面抓取回来并不是马上就可以向终端用户提供查询服务。因为用户在使用搜索引擎进行查询的时候,使用的是一个词或者短语,搜索引擎要为用户提供与查询条件相匹配的信息,因此,还要对原始页面进行一系列的分析、处理,以迎合用户的习惯。

搜索引擎首先对存储的原始页面建立索引,再过滤原始页面的标签信息,从中提取页面中的正文信息;然后对正文进行切词,并建立关键词索引,得到了页面与关键词的对应关系;最后对所有关键词进行重组,从而建立关键字与页面直接的对应关系。具体步骤:

页面—(提取)—正文信息—(切词)—关键字列表—(索引)—关键字索引—(重组)—页面。

步骤1:页面索引

为了提高网页检索的效率,搜索引擎需要对抓取回来的原始页面建立索引。由于URL就是页面的入口地址,为原始页面建立索引,则可以实现根据URL快速定位到相应的页面。

步骤2:页面分析

网页分析是整个网页处理中最重要的环节,包括网页正文信息的提取(即标签信息过滤)、切词、建立关键字索引列表及关键字重组这几个重要的步骤。结果形成了一个关键字对应多个原始页面的关系,即形成了与用户查询习惯相符的信息雏形。

步骤3:正文信息提取

网页正文信息的提取实际上就是对网页中非正文信息的过滤。其中,最为重要的就是对网站中标签信息的过滤,经过标签过滤以后,搜索引擎就可以得到网页的正文信息。

步骤4:切词与分词

经过对原始页面提取正文信息后,搜索引擎就可以得到网页的实质内容。而为了得到与用户查询相关的数据,搜索引擎还需要对网页中的内容进行切分,从而形成与用户查询条件相符的关键字为单位的信息列表。

每个搜索引擎的切词系统都会存在或多或少的差别,切词算法直接影响的优劣主要取决于开发者对语言的理解能力。特别是在中文的语言环境中,切词算法直接影响网页内容经过切词后会产生什么样的关键字，常见的切词是否与用户的搜索习惯一致。因此，切词的结果直接决定搜索引擎能否提供与用户查询条件相匹配的信息。

步骤5：关键字索引

网页正文信息在经过切词系统处理之后，形成了关键字列表。关键字列表中的每条记录都包括了该关键字所在的关键字编号、网页编号、关键字出现次数和关键字在文档中出现的位置等信息。

为了提高关键字的检索效率，搜索引擎还会为关键字列表建立索引。这样，通过对网页及关键字列表均建立索引后，就可以实现从一个页面快速定位到某一关键字。

▶ 任务3 页面排序

2.3.1 案例描述

搜索引擎对网页的排序一直是站长们关注的一个问题，而搜索引擎的投票原理一直是网页排序的一个重要因素，从之前的外链投票到现在的用户投票，投票排序始终是百度在更改百度算法时的重点关注点。假设蜘蛛数据库系统里有 n 个网页，有 m 个特征（页面质量、页面加载速度、页面内容丰富度、页面超链、文本相关性等），现在对这 n 个网页的 m 个特性有不同的打分，那么：①如何根据这些特征的"投票"，选出最适合放在第一位的网页呢？②如何根据这些特征的"投票"，选出最适合放在第一位的网页呢？

2.3.2 相关知识

目前，不同的搜索引擎使用了不同的相关度排序方法。比较流行的有两类：一是超链接分析法，即一个网页被链接的次数越多而且链接的站点越权威则说明此网页的质量越高；二是词频统计法，即网页文档中出现查询词的频率越高，其排序就越靠前。此外，还有点击率法，即网页被点击的次数越多，相关度越高；付费竞价法，以网站付费的多少来决定排序前后。

任何一个搜索引擎的目的都是更快速地响应用户搜索，把满足用户需求的搜索结果反馈给搜索用户。能否把与用户检索需求最相关的高质量文档纳入结果排序的前面是衡量搜索引擎性能高低的关键技术之一。Google 最成功的地方在于利用 PageRank 对 Google 排名结果排序，让好的结果排在前面，从而提高了检索质量。

（1）链接分析法

面对网络这个新的环境，必须使用新的排序技术才能达到较好的检索效果。由此，基于超链分析的各种排序算法被搜索引擎界提出。绝大部分超链分析算法都有共同的出发点：更多地被其他页面链接的页面是质量更好的页面，并且从更重要的页面出发的链接有更大的权重。最著名的链接分析法是 Brin S 和 Page L 于 1998 年提出并应用到 Google 搜索引擎中的 PageRank，以及 IBM 用于 CLEVER 搜索引擎的 HITS（Hypertext Induced Topic Selection）。

（2）词频统计法

词频统计法也就是向量空间模型采用的相似度计算方法。许多搜索引擎都以索引项的词频和位置作为相关度的判定标准，采用前述的词频加权方法来计算相关度。一个词在网页文档中出现的频率越高，它代表该文档主题的程度就越大，其作为索引项的准确性也就越高，权重就越大。在与查询词匹配时，它所代表的文档与查询请求的相关度就越高。除词频外，一个词在文档中的位置也对索引器选词和计算词的权值产生影响。

例如，在网页 title 标签、链点标签、Meta keyword 标签、Meta description 标签中选关键词并按词频计算权值时，或索引项出现在网页标题、文章前几段、段首等位置时，其权值会加大。虽然大多数搜索引擎都以词频和词的位置来计算相关度，但在细节上又各有不同。在计算网页的相关度时，其中各词的关系和词间的相对位置也是影响因素。网页中各词的相互距离越近则结果排序越靠前。以词频和词位置计算相关度的方法是较为客观准确的，它是应用最为广泛也是最成熟的方法，各大搜索引擎迄今仍以它作为计算相关度的基本方法。

但它较易为人利用来实现不良竞争，轻易地把其网页设计修改成"含有关键词的网页"，从而在搜索引擎结果中排在前面。这使搜索引擎结果的客观性和准确性受到侵害，检索的查准率受到影响。

任务 4　关键字查询

2.4.1　案例描述

（1）下载"观其关键字排名查询工具"。

（2）工具具有自定义保存网址和关键字、批量查询、查询结果导出、百度指数批量查询、相关关键字查询、关键字密度查询等功能，提高您在 SEO 关键字排名方面工作的效率（如图 2-3 所示）。

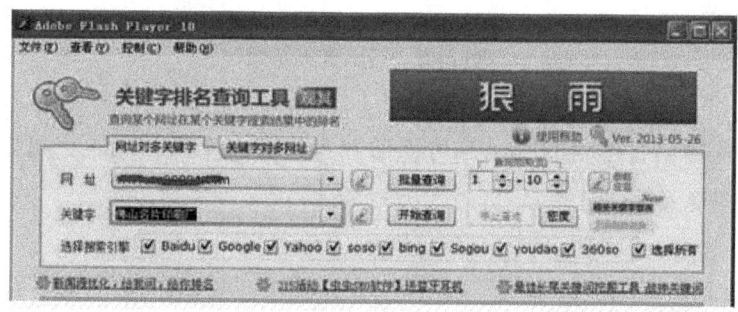

图 2-3　关键字排名查询工具

（3）输入网址与关键词，点击"查询"下面的各大搜索引擎进行自然检测，只需要等待一会，相对来说，百度检测的时间最长（如图 2-4 所示）。

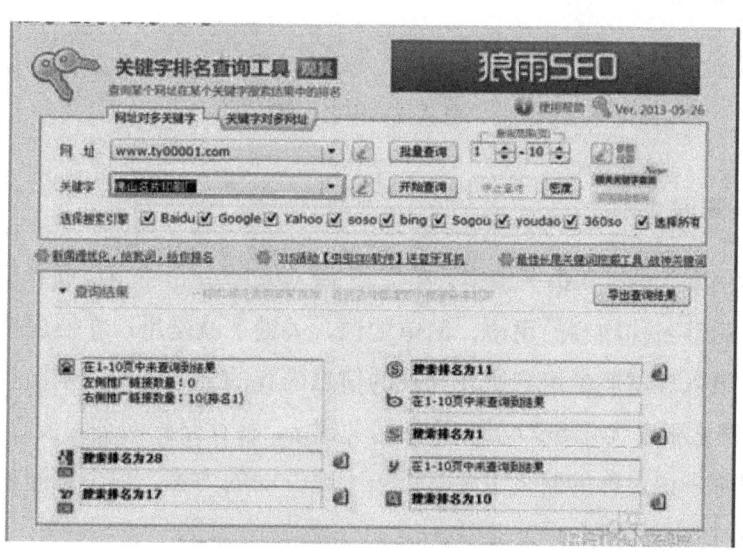

图 2-4　查询页面

（4）可以点击"导出查询结果"把结果全部导出（如图 2-5 所示）。

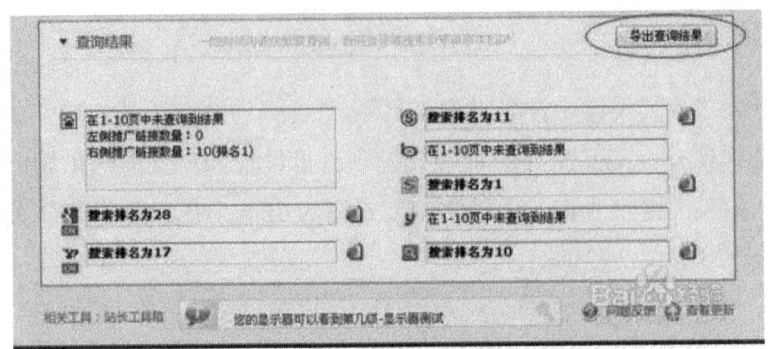

图 2-5　导出查询结果

（5）凡是搜索有排名的网站都可以看到旁边有一个链接网页，可以打开看到排名快照（如图 2-6 所示）。

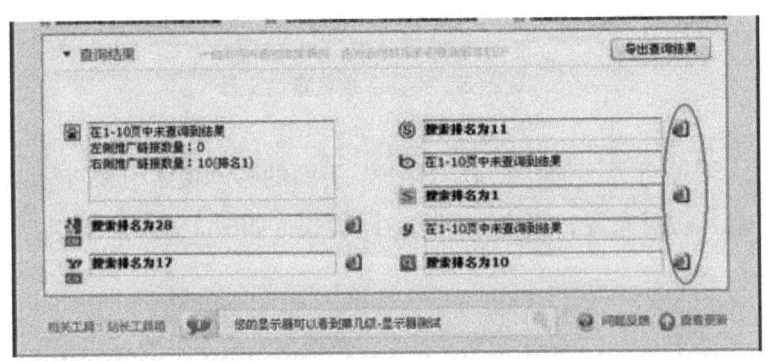

图 2-6　排名快照

2.4.2　相关知识

在搜索引擎行业，所谓关键字，英文是 keyword，就是希望访问者了解的产品、服务或者公司等名称内容的用语。简单地说，关键字就是用户在使用搜索引擎时输入的、能够最大程度概括用户所要查找的信息内容的字或者词，是信息的概括化和集中化。在搜索引擎优化 SEO 行业谈到的关键字，往往是指网页的核心和主要内容。对于搜索引擎来说，你的网页主要是讲关于哪方面的内容，那个方面就可以归结出一个（更多时候会是多个）关键字。

搜索引擎关键字除了按语种和有无商业价值进行划分外，从网络用户具体搜索时的行为看,关键字还可以按照不同的划分标准加以区别。在实际应用中,搜索引擎中的关键字可以按照语言要素的关键字的使用频率、关键字的内容、搜索的文件类型3个标准来划分。

(1) 按照关键字的使用频率划分

①常用关键字

是一种自然语言中最常用的而且是人们日常生活进行沟通经常使用的部分,常用关键字可以是单字、词、短语、句子。用户搜索通常都用常用关键字进行搜索。

②高频关键字

是指用户进行搜索时经常频繁使用的字词,而且依社会群体、阶层的不同而有所差异。例如,对大学生群体,在搜索引擎里出现的高频关键字可能会是:考研、出国、留学、托福、就业等;而对一个已有身孕的妇女,高频关键字更可能出现的是:胎教、宝宝、孕期保健之类的词汇。

③热门关键字

是指在一定时期被网络用户普遍搜索的字词,该热门关键字反映当前社会关注的热点问题,如倒萨、非典、SARS、神五、奥运等。百度的搜索风云榜,就有热门搜索 Top 50;或反映一个群体关注的热点,同样是百度的搜索风云榜,就有十大影视作品风云榜、十大美女风云榜、十大 IT 品牌风云榜、十大数码产品风云榜等二十几个风云榜,这种热门关键字的排行根据不同主题依次列出。

(2) 按关键字的属性特征来划分

①专有名词

指人名、地名、品牌名称,或其他事物的专有名词,如 NBA、GMAT、北京、张柏芝、西湖、中国移动、清华大学等。百度的搜索风云排行榜所依据的关键字多数就是专有名词这一类型,如软件名、游戏名、风景名胜名、大学名、富豪名、汽车名、IT 品牌名、数码产品名等。

②错别字

是指网络用户在使用关键字进行搜索时,输入拼写错误的关键字。一些搜索引擎对错误有纠偏功能。例如,在百度里搜"一心一意",结果输成"一新一意",百度搜索引擎一方面会把含有"一新一意"这一关键字的页面返回来,同时,也会问用户要找的是否是"一心一意"。

(3) 按搜索的不同文件类型划分

①搜索超文本标置语言（HTML）网页的关键字

搜索时，可使用单字、词、短语、句子进行搜索，但用短语或句子往往更能得到精确的结果。因为用户搜索网站，强调的是搜索结果的相关度，即搜索的质量，而不是数量。目前的互联网站点已多不胜数，截至 2003 年年底，仅中国就有近 60 万个万维站点。用一两个单字、词往往不能查到很精准的网站。

②搜索文本文档的关键字

搜索时，可使用单字、词、短语、句子进行搜索，从搜索的效果来看，以单字和词为主的搜索效果较好，并且可以配合使用专有名词。这样，会使搜索的范围扩大，能返回更多的搜索结果。

③搜索多媒体文件的关键字

包括图片、声音、动画、视频文件等。搜索时，可使用单字、词，以名词为主，可以是专有名词，也可以是一般名词。多媒体信息是互联网上的重要资源，而且随着计算机、网络和通信软硬件性能的提高，这部分资源呈现出加速增长的趋势。不少搜索引擎对这部分资源进行单独分类，Google 有"图像"的分类，百度有"MP3""图片"的分类，中国搜索有"图片""MP3"和"Flash"的分类。还有专门的这类搜索引擎，如英文网站中搜索视频的 altavista；中文网站中搜索动画和声音的 sogua 等。

与网络信息对话的工具越来越依赖搜索引擎，而与搜索引擎对话要靠关键字。搜索引擎既被一般网络用户使用，也被商业界普遍看好。但不管是哪一方，对这个对话的语言"关键字"都不应该轻易放过，它不像表面看来的那么简单。通过更好运用搜索关键字，同时掌握各相关搜索引擎的搜索语法，普通个人可以极大地提高搜索效率，在最短的时间内找到相关信息；商家则可以发掘搜索关键字巨大的商业价值，这个价值通过关键字广告，可能体现在短期的销售增长上，更可能的是体现在长期企业品牌形象的提升上。

项目三

搜索引擎营销机会分析

知识目标：
- 了解网上消费者行为特点
- 掌握分析目标客户关键词的方法

能力目标：
- 能够分析目标顾客行为特点
- 能够使用相应的工具对目标客户关键词进行分析

▶ 任务1　分析目标顾客行为

3.1.1　案例描述

制作一个调研问卷，针对在校大学生手机购物使用情况进行网络调研，并撰写调研报告。

3.1.2　相关知识

（1）网络消费者心理分析

①网络消费者的需求

需要是指消费者在生理和心理的匮乏状态，即感到缺些什么，从而想获得它们的状态。需要按不同的标准可分为多种，如生理需要与心理需要、物质需要与精神需要、马斯洛的五层次需要等。在网络消费中，消费者表现出一些新的需要。

一是兴趣的满足。人们选择上网，很大一部分原因是兴趣使然。这种兴趣的产生，主要源于探索与成功两种内在驱动力。前者源于蕴藏丰富的网络包容了各种各样的知识与信息，网民可以根据自己的心理沿着网络提供的线索不断深入查询；后者则指人们通过网络找到自己感兴趣的内容时产生的一种满意感。这种源于探索与成功的兴趣会使消费者不由自主地选择网络这一媒介。

二是聚集的需要。人是社会的动物，从本质上来说，人们都有一种参与集体活动的需求。由于现代生活节奏的加快，人们很难找出共同的闲暇时间来进行集体活动。网络的出现导致了一个虚拟社会的产生，它为人们的虚拟聚集提供了可能。如目前广受欢迎的OmQ，就给孤独的网民们提供了交友聊天的便利；再如，一个爱下棋的网民在找不到现实中的棋友时，随时到哪一家网上棋室都可以寻找到水平相当的棋手。而各种女性网站、减肥网站的开设，则为妇女和减肥需求者提供了聚集的机会，她们可以在网络这个虚拟的空间中找到一种集体归属感。

三是交流的需要。在网络上下棋的网民，可能并不需要进一步切磋棋艺，而只是要找一个可以对弈的人。事实上，下棋的过程本身就是一种无声的交流。而类似聊天室与各种专业网站的网民，聚集之后的主要任务就是交流。他们会提供自己的各种思想与见解，同时也希望能从其他网友那里获取自己想要的各种信息。网民的这种交流需要，可以分为两类：一类并不涉及经济利益，纯属沟通的需要；另一类则是希冀通过沟通，能获得某些经济利益，如制造商和消费者希望能通过网上交流，达成一笔交易，满足自己的某些利益需求。

②网络消费者的动机分析

动机是指引起和维持个体活动，并促使活动朝向某一目标进行的内在作用。动机的产生来自于两方面的诱因，一是消费者内在有需要，二是外在的诱因。

消费者选择上网，主要出于以下三方面的动机：

一是情感动机。消费者选择上网和在网上购物，有的是由于各种心理情感的作用，如新奇感、快乐感、满意感等。这种基于情感的动机，往往具有不稳定与冲动的特点。例如，由于寂寞选择上网聊天的消费者，当他心情转好时，他可能就不会上网聊天了。又如，消费者在网上发现一个好的游戏软件时，他很可能由于冲动立即产生购买动机并做出购买决策。

二是理智动机。目前，网上消费者大多是年轻人，且其中86%的用户接受过大专以上的高等教育。他们一般分析判断能力较强，能在众多的产品信息中通过比较选择出最适合自己需要、性能价格比最优的产品。特别是因特网强大的信息搜索功能，使用户可以迅速获取丰富的产品信息，拓展比较选择的范围；另外，由于面对的是电脑屏幕，消费者不会受到在超市购物环境下琳琅满目的商品实体与其他消费者购买行为的刺激与影响，易于在一种平静的心态下做出购买决策。网上消费的这种特性，迎合了许多习惯于"货比三家"的谨慎购物者的消费心理。

三是光顾动机。这是指消费者由于对特定的网站、图标广告、商品等产生特殊的信任与偏好而习惯性光顾并在光顾的过程中产生购买动机。这类消费者，往往是某一站点的忠实浏览者，他们不仅自己经常光顾这一站点，还会鼓动周围的消费者也去光顾它。

（2）消费者网上购物行为的影响因素

①心理因素

一是个性消费回归。工业化条件下的标准式的大批量生产方式使消费者的个性化需求被低成本、单一性的产品所取代。网络购物在厂商与消费者之间信息传递的便捷性，尤其为那些具有特殊需求（如体型特别者对衣物的需求）的消费者提供了方便。

二是主动消费。在产品日益丰富与多样化的今天，消费者的主动性越来越强。消费者在购买商品，尤其是一些大件商品（如冰箱、电脑）时，会主动通过各种渠道搜集相关的厂商及产品信息，他们甚至直接参与到产品的设计与生产中。

三是求新的心理需求。一些消费者看重商品和服务的时尚、新颖、奇异等特点，希望购买的产品或服务区别于大众。当这些消费者选择商品的时候，特别注重商品的款式、色泽、流行性、独特性与新颖性。

②外界因素

a. 产品特性。网上销售的产品需满足特殊的性能要求：第一，具备一定的技术性或与网络、电脑相关。第二，标准化。网络空间的虚拟性使消费者无法获得现场购物时的亲身体验，不好评判产品的质量，因而希望产品符合既有的模式或质量条框。第三，无形性。产品的无形性，更多体现在给人的感知和氛围上。其他商品，如在线音乐享受、信息咨询、网上教学、医疗等逐渐发展起来的网上服务，也体现了网上产品的这些特殊性能。

b. 价格因素。价格是影响消费行为的一个重要因素。网络购物之所以发展起来，很重要的一个原因就在于网上产品的销售价格比传统渠道要低。8848商务网站一般以7～8折的价格出售图书。消费者对互联网的免费心理预期也影响着网上消费行为。互联网在起步与发展阶段运用了免费策略，导致消费者已习惯免费待遇。目前，一些产品与服务，其价格也较传统渠道低，否则消费者就不能接受。

c. 便捷性。消费者选择上网的很大原因在于网络的便捷性。网络商店全天 24 h，提供服务，顾客可以在自己方便的任一时间购物，而不像在传统模式下受到商店营业时间的限制。搜索引擎的强大功能使消费者可以方便、快捷地获得全国乃至全世界的相同产品信息。并且，消费者也可主动地将自己的需要通过网络公告出来，在家中坐等商家与自己联系。

d. 安全可靠性。调查表明，消费者在网络交易中最担心的问题是交易的安全可靠性。这种安全可靠性包括支付的安全可靠性、配送的可靠性、产品信息的可靠性与售后服务的保障程度。

(3) 网络消费者的购买过程

① 需求的诱发

与传统购物模式相同，网络消费者购买过程的起点是需求的诱发。在传统模式下，诱发需求的动因很多，包含内外部的多种刺激，如口渴引发对饮料的需求，受同事影响产生对美容产品的需求等。网络营销中，消费者需求的产生多源于视觉和听觉的刺激。网络的特性使文字表述、图片统计、声音配置成为诱发消费者购买的直接动因。

② 信息搜集

网上信息搜集的快捷与简便是消费者选择上网的主要原因之一。较之传统模式，网上消费不仅选择范围广泛，而且消费者的主动性可以得到最大限度的发挥。一方面，消费者可以根据自己了解的信息通过互联网跟踪查询；另一方面，消费者还可以在网上发布自己对某类产品或信息的需求信息，得到其他上网者的帮助。

③ 比较选择

传统消费模式下，消费者可以通过对产品的触摸、闻、嗅、试听、试穿等实体性接触来比较评判，但在网络消费中，消费者对商品与服务的比较只能依赖于商家的描述，且这种描述也多限于文字和图片方面。这种局限性是决定网上销售的产品种类的直接原因。商家提供的产品或服务描述，若不能吸引人，可能很难赢得顾客，但若这种描述过分夸张以至带有虚假的成分，则可能永久地失去顾客。因此，把握好产品信息描述的"度"，是摆在厂商与网页制作者面前的一道难题，而判断这种信息的可靠性与真实性，则是留给消费者的难题。

④ 购买决策

同传统购物模式相比，网上消费者的购买决策有许多独特之处：首先，网络消费理智动机比重较大，感情因素相对较少。这是由于消费者在网上寻找商品的过程本身就是一个思考的过程，他有足够的时间和极大的便利来分析商品的性能、质量、价格和外观，再从容地做出自己的选择；其次，网络购买受外界因素影响较小，购买者面对电脑屏幕浏览商品信息，不会受到实物及其他消费者购买行为的影响，做出的决策理性成分较多。

⑤购后评价

网络空间中信息传递的速度与广度无法衡量，消费者好的购后体验若在网上反映，可能会令厂商获益匪浅，但若消费者购后产生不满意感，他很可能会通过网络将它表达出来，在广大网民心中产生不良影响，打消很多潜在消费者的购买欲望。因此，厂商应密切关注消费者的购后感受，充分利用网络在沟通厂商与消费者信息上的便利性，及时采取措施弥补产品或服务的不足，以最大限度地降低消费者的不满意感。同时，对消费者购后感受的搜集，还可了解消费者的新需求，及时捕捉市场机会，提高新产品开发的适用性与实效性。

(4) 对厂商的启示

目前网络消费中存在的一些问题，如网络连线速度过慢、用户信息易被窃取、网上支付安全性得不到保障等，都依赖于网络基础设施的完善与网络技术的提高，不是单个或几个企业所能解决的。但对网上消费者行为特征的一些分析，也的确能为厂商提供一些改进网上销售的方法和思路。

①选择适合网上销售特性的产品和服务，这是网上销售得以成功的首要与关键一步。网上商店不能追求"大而全"的商品结构，应尽可能提高产品的针对性，使所卖的产品能真正适合消费者的需要且适合网上的销售。

②提高网络广告的质量，使其真正刺激消费的需求。如果网络广告质量普遍不高，不仅不能起到刺激消费的作用，反而令消费者反感，广告原有的作用基本上未能体现。因此，加强网络广告的制作管理，使消费者愿意将其作为一种艺术品去欣赏从而发挥广告的应有功效，是目前网络广告工作急需解决的难题。

③加强物流配送体系建设。物流的速度直接影响消费者的购买行为。

④加强售后服务，尽可能让顾客满意。可通过 E-mail 的方式询问消费者的使用感受，主动帮他们解决难题，告诉他们公司最新的产品信息，在节假日送上祝福等，让他们感受到公司对他们的尊重，从而增强消费者对公司及产品的好感。

任务 2 分析目标顾客搜索关键词

3.2.1 案例描述

打开百度搜索"飞达鲁长"关键词点击第一项即可下载（如图 3-1 所示）。

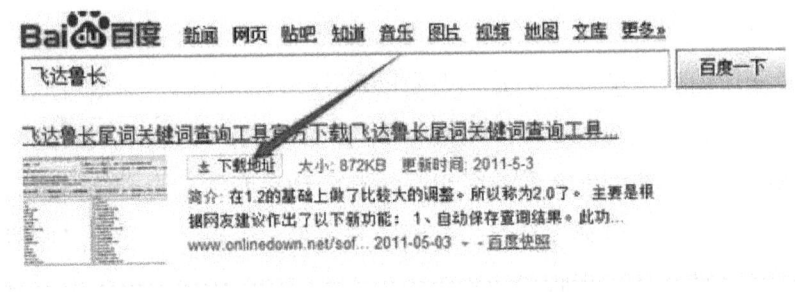

图 3-1 "飞达鲁长"下载页面

特点：①自动保管结果系统查询。②多词查询、断点查询。③点击鼠标右键即可追寻到所要搜索的关键词。④过滤功用。过滤可以更加清楚知道哪些词语是自己想要的词语。⑤过滤功 NEW 用法：可以修正过滤的词。查找到相同关键词会自动删除，有效保证搜索到准确并有效能的词（如图 3-2 所示）。

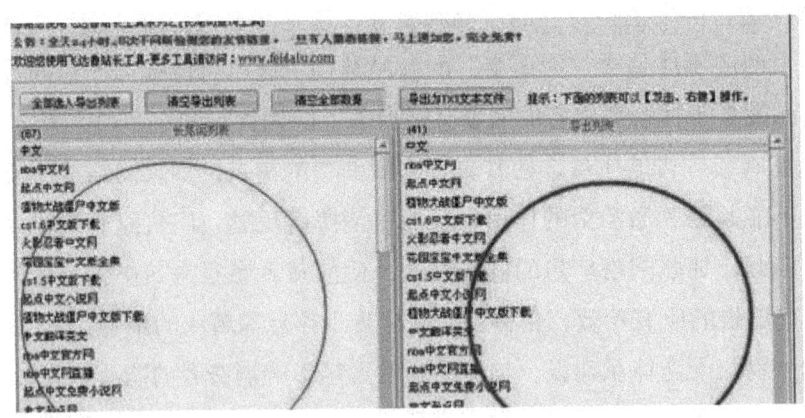

图 3-2 搜索词页面

长尾关键词又叫长尾词：长尾词就是市场占据份额大，但不被人看重，未来可能存在很多搜索量的词。

3.2.2 相关知识

网站的关键词往往有成百上千，是分梯队的，要根据网站的不同发展阶段，决定哪些是优先要做的，哪些是带着做的。决定要不要做一个关键词和这个关键词属于哪个梯队时，不管是目标关键词，还是长尾关键词，也不管是借助工具筛选，还是人工筛选，都需要从 4 个方面思考和权衡：搜索量、竞争程度、客户价值、经营价值。

（1）关键词的搜索量

搜索量和点击量是两回事，搜索量是总盘子，点击量是你分到的那碗羹，其主要取决于你的排名、搜索结果中的标题和描述，但还受到关键词特点、搜索引擎干扰因素两方面的影响。例如，"SEO"这个词虽然搜索量大，但搜的人多，点击的人少，很多做 SEO 的人只是对这个词的排名感兴趣，并不想点进去看，这是关键词特点方面的影响。再如搜索引擎有时会把图片混在自然排名的结果中，吸引人的眼球，这样你分到的点击数就少了，这是搜索引擎干扰因素方面的影响。

不管百度还是 Google，都有工具帮助我们估测较热门关键词的搜索量。同等条件下，关键词的搜索量越大越好。

（2）关键词的竞争程度

在分析关键词的竞争程度时，虽然有一些工具可以辅助，但都有很大的局限性。这里面有很多东西需要靠人脑分析，Ethan 建议针对重点关键词进行手工搜索，查看前几页的搜索结果。这里面有一些经验技巧，大家轻易可以在网上搜到，本书不再展开陈述。同等条件下，关键词的竞争程度越小越好。

（3）关键词的客户价值

所谓客户价值，就是假如客户搜索某个关键词来到你的网页，是否能够获取有价值的信息。从关键词的客户价值思考时要注意两点：第一，如果目标客户不大可能去搜，就不要去做；第二，如果你没有能力提供匹配的内容，就不要去做。

（4）关键词的经营价值

经营价值包含两个方面：品牌和销售。

①品牌方面

例如，你在行业核心关键词上排名第一，就不仅是带来流量的好处了，还能提升你的品牌，客户会更加信赖你。又如"最好的……"这样的口碑关键词排名第一，也具有品牌效应。

②销售方面

结合前面讲的客户价值，多数情况下，你提供了对客户有价值的东西，会给你带来经营价值。但是也有这种情况，你辛辛苦苦做了内容，客户来到你的网站获取了内容，然后到其他网站去消费了。为了扩展长尾关键词，我们做 SEO 的往往会刻意挖掘客户价值。其实怎样转化成销售是一个挑战，可以把目标客户分为两种，一种是教育型目标客户，一种是转化型目标客户。教育性目标客户，只提供匹配的内容给他就行了，他认为你的网站有点价值，可能会记住你的网站，但不会马上购买或直接购买你的产品或服务。转化型目标客户则要珍贵很多。仔细分析你的核心竞争力是什么，你能做什么，你不能做什么，你最大的竞争优势在哪个点上？抓住这个点，仔细分析围绕这个点，可能转化的客户会搜什么词，这样就能带来转化型目标客户，如果再做好着陆页面和转化页面，就很容易实现销售。

项目四

策划搜索引擎营销网站

知识目标：
- 掌握页面设计方法
- 掌握网站的常用策划方法

能力目标：
- 会对网站进行策划
- 能对网站页面进行优化设计

任务 1　创建搜索引擎友好的页面

4.1.1　案例描述

创建一个搜索引擎友好页面网站。

4.1.2　设计方法

（1）建站准备

当你创建网站的时候，首先要考虑网站放在什么地方，一般大中型网站都有自己的独立服务器或者服务器机群，大部分小网站都是租用虚拟主机。所以我们就要考虑寻找一家提供服务器托管服务、虚拟主机租用、域名注册服务的公司或者机构。

①寻找服务器托管公司

如何寻找一家服务好的服务器托管公司呢？你可以有很多种方法：

a. 通过搜索引擎搜索

在搜索引擎中输入"服务器托管""城市名＋服务器托管"等关键词查找，这样你可以在搜索引擎中轻松查到几十家提供这种服务的公司,然后你对他们进行比较,选择一家相对来说服务好、价格合适的公司。

b. 通过朋友推荐

因为服务器托管公司非常多,这个市场也非常混乱,所以各种鱼龙混杂的公司非常多,如果选择不好的话,有可能还没有为你提供一定期限的服务,这家公司就倒闭了,那你就麻烦了。所以请熟悉这个行业的朋友推荐一家服务商也是非常好的策略。

在选择服务器托管服务公司的时候,你要考虑以下几个原则:

- 确保你的服务器能够运营稳定,可以 24 h 获得维护;
- 确保给你提供足够的带宽,以便保证你的服务器运行的速度;
- 寻找服务器托管公司时,建议找当地的知名网络公司提供服务。

如果你去找国内知名的大型 IDC 服务公司,虽然他们的服务比较好,但是他们的价格比较高,同时由于他们的客户非常的多,他们不能为你分配太好的带宽。而找另外一些规模太小的服务器托管公司,服务和诚信就无法得到保证。所以寻找当地的知名网络公司提供服务是比较好的选择,因为这些公司只有在一个地区比较有名,他们一般拥有当地电信或者网通的机房,带宽可以有保证,价格也不会太高,服务也方便。

②寻找虚拟主机提供商

大部分小网站用独立服务器的话,成本高,又比较浪费,所以大多都采用的是租用虚拟主机,虚拟主机成本低,使用又方便。寻找虚拟主机同样可以通过搜索引擎搜索或者朋友推荐来找。不过选择虚拟主机提供商的话,要注意以下几点:

- 保证随时可以打开、更新、修改空间中的文件;
- 空间支持的最大在线人数能够承受你网站的流量;
- 服务公司有一定规模,不会中途倒闭。

③选取域名

选择域名的时候要注意以下几点:

- 域名要短,容易拼写和记忆;
- 尽可能选用 .com 的域名;
- 域名中包含关键词。

Google 确实会读取 URL 中的关键词。如果你的域名中包含用户搜索用的关键词,那么 Google 会认为你们很匹配,自然会在搜索结果中给你加分。但是这种做法是很少见的，应该重点考虑前面两条。

注意：域名中单词的区隔用中横线而不要用下划线，否则不会认为你所提供的是单词，特别是在域名中包含关键词的时候，可以参考 Google 的语法规定。

例如，SEO 这个域名，这个域名包含了 SEO 这个关键词，于是这个域名在各大搜索引擎中都被认为是和 SEO 这个关键词相匹配的，于是这个关键词配合着正确的方法就很容易获得较好的排名。

国内的域名提供商出名的主要有以下几家：

- 中国频道：www.35.com；
- 万网：www.net.cn；
- 新网：www.xinnet.com；
- 新网互联 www.dns.com.cn。

（2）策划网站

在制作网站之前，策划网站是非常重要的事情，策划得越充分，后期制作起来就越轻松。在策划网站的时候，你需要考虑以下几个问题：

- 你的网站的赢利模式是什么？
- 你的网站的主题内容是什么？
- 你的网站分那些栏目？
- 你的网站的构架如何设计？
- 你的网站的开发采用什么技术？

（3）提供 SEO 咨询服务

一个网站的主题内容是什么？

答案是主题就是 SEO、搜索引擎排名。主题内容清晰了，就要围绕这个主题选择一系列相关的关键词，选择的关键词包括：SEO、搜索引擎排名、搜索引擎排名秘籍、SEO 工具、SEO 服务、SEO 论坛等。

清晰了主题，然后就可以选择一系列准确的关键词，同时也可以围绕主题策划出合理的网站栏目。

（4）网页的设计和制作

有了一个详细的网站策划书，我们就需要按照策划来详细执行我们的策划书了。一般的流程：

①在你的电脑上为这个网站建立一个文件夹。

②根据你的网站结构和栏目规划，为你的网站栏目创建目录名、为各个网页命

名、为各个图片命名。命名的时候，你需要注意以下几点：

- 目录名、网页名、图片名可以包含相应的关键词；
- 文件名中包含的组合关键词的时候，中间要用横线隔开，而不要用下划线，如 seo-tool.htm。

③构架建立好之后，然后就进行网页设计、程序开发等工作。网页设计和程序开发你可以根据自己的需要，选择不同的工具和软件。

不过在网页设计中，有几个非常重要的细节，这里再特别强调一下，一定要按照这个标准来进行设计：

a. Title 的设计

这是影响网页在搜索引擎中最重要的排名因素之一，在设计的时候要注意以下几点：

- 每个页面的 title 都要不同，并且要与该网页的主题相符合；
- 每个 title 合理的突出 1～2 个关键词，每个 title 不要超过 30 个汉字；
- 搜索引擎提供了网页信息的内容描述，帮助搜索引擎判断相关内容页面。

b. Description 标签

搜索引擎利用 description 标签有两种方式：读取和索引标签中的内容。许多情况下，搜索引擎会把它作为搜索结果来呈现。

但是，在多数情况下，Google 不会把该标签中的内容作为结果呈现的，它更倾向于抓取页面中的文本，这个文本经过了强调，如加黑、加粗，并且与搜索用关键词接近。

使用 description 标签的重要性在于：

- 有的时候，Google 同样会引用 description 标签；
- 如果在页面文本中没有相关的关键词，Google 会索引 description 标签；
- 其他的搜索引擎会使用 description 标签的。

c. 超链接

超链接非常的重要，链接帮助搜索程序查找网站中其他的网页，关键词链接告诉搜索引擎链接指向页面的内容，关键词链接同时也告诉搜索引擎包含链接网页的内容。在链接超链接的时候要注意以下几点：

- 网页中的超链接尽量都要用文本做链接；
- 每个网页中的超链接尽量不要超过 100 个；
- 网页中除了拥有栏目导航链接之外，都要有相关网页的超链接；

- 网页文本中出现其他页面的关键词的时候，要对这个关键词加上超链接，链接到相关的页面；
- 部分文本超链接因为文本太短，可以加上相应的文本注释。

d. 关键词

- 每个网页中的关键词都要不同；
- 每个网页中的关键词密度要尽量控制在 3% ～ 8% 之间；
- 关键词分析建议工具：http://www.seo.net.cn/b/；
- 关键词密度分析工具：http://www.seo.net.cn/tool/。

e. 网页文本

网页中的文本内容不要太少，搜索引擎会怀疑是否能提供出适当的内容给搜索者。文本内容在 100 ～ 250 字，把一个问题说得清楚就好了，当然你有 1000 字也不错，通常认为 100 ～ 250 字最合适。

- 文本的排版要按照用户的浏览习惯进行排版；
- 文本中的关键词要进行加粗或者加重，或者采用斜体来突出。

(5) 搜索引擎所看到的内容

搜索引擎看到的同你通过浏览器看到的是不一样的，要明白其中的道理需要知道页面是怎样被创建的。下面介绍这个过程：

①用户在浏览器中输入 URL，或者点击一个链接，浏览器向服务器发出信息请求特定的页面。

② Web 服务器抓取相关的页面并且快速地阅读查看在发送前还需要做怎样的处理。

③ Web 服务器编译页面（如果需要）。例如，在一些情况下，web 服务器端需要运行 asp 或者是 php scripts。

④在完成编译后，发送到浏览器。

⑤当浏览器收到页面后，会通读页面查看相关的指令，如果需要会进一步的编译页面。这里有一些例子是浏览器需要处理的指令：

- 发现 <script> 标签，被告知需要从别的文件装载一个文件，而他又需要从服务器读取一个文件；
- 在文件中发现被包含的 JavaScripts，需要运行该 JavaScripts；
- 可能会发现包含了图片、多媒体、css 等。

⑥当上述步骤完成后，浏览器就向用户展示页面。

这就是一个页面呈现的一般过程，但是，搜索引擎通过搜索程序索引页面的工作过程是完全不同等的。当搜索引擎请求一个页面的时候，服务器还是按照他的一般程序，按照指令创建页面，发送给搜索程序。但是，搜索程序并不是完全按照页面中的指令执行，他只读取页面内容，不会执行其中的 scripts 指令。

Scripts 指令有两种：

● 基于浏览器端的。这是搜索引擎所不能执行的，所以搜索引擎不可见。如用 javascripts 创建的导航，一些人还用这种方法来故意对搜索引擎隐藏内容。

● 基于服务器端的。如 SSI（server side include），这是搜索引擎可见的，因为服务器编译完成后传给搜索引擎的。

任务 2　关键字评估

4.2.1　案例描述

利用 Web 所拥有的庞大链接构造的特性。从网页 A 导向网页 B 的链接被看作是对页面 A 对页面 B 的支持投票，Google 根据这个投票数来判断页面的重要性。Google 不单只看投票数（即链接数），对投票的页面也进行分析。"重要性"高的页面所投的票的评价会更高，因为接受这个投票页面会被理解为"重要的物品"。

根据这样的分析，得到了高评价的重要页面会被给予较高的 PageRank（网页等级），在检索结果内的名次也会提高。

4.2.2　相关知识

（1）Pagerank

PageRank 简称 PR 值，是基于"从许多优质的网页链接过来的网页，必定还是优质网页"的回归关系，来判定所有网页的重要性。重要性高的页面如果和检索词句没有关联同样也没有任何意义。为此 Google 使用了精练后的文本匹配技术，使得能够检索出重要而且正确的页面。

通过图 4-1 我们来具体地看一下刚才所阐述的算法。具体的算法是，将某个页面的 PageRank 除以存在于这个页面的正向链接，由此得到的值分别和正向链接所指向的页面的 PageRank 相加，即得到了被链接的页面的 PageRank。

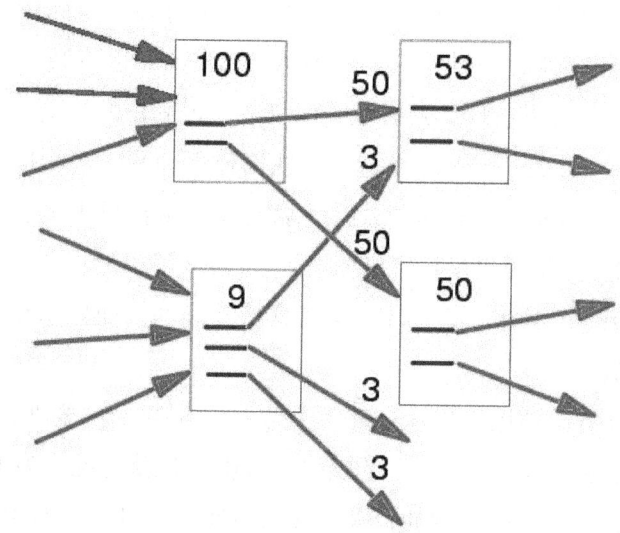

图 4-1 PageRank 概念图

提高 PageRank 的要点，大致有 3 个：
- 反向链接数（单纯的意义上的受欢迎度指标）；
- 反向链接是否来自推荐度高的页面（有根据的受欢迎指标）；
- 反向链接源页面的链接数（被选中的概率指标）。

首先最基本的是，被许多页面链接会使得推荐度提高。也就是说被许多页面链接的受欢迎的页面，必定是优质的页面。所以以反向链接数作为受欢迎度的一个指标是很自然的想法。这是因为，"链接"是一种被看作"可以看看这个页面 / 这个页会有用"的推荐行为。但是，值得骄傲的是 PageRank 的思考方法并没有停留在这个地方。

也就是说，不仅是通过反向链接数的多少，还给推荐度较高页面的反向链接以较高的评价。同时，对来自总链接数少页面的链接给予较高的评价，而来自总链接数多的页面的链接给予较低的评价。换句话说（汇集着许多推荐的）"好的页面所推荐的页面，必定也是同样好的页面"和"与感觉在被胡乱链接的链接相比，被少数挑选出的链接肯定是优质的链接"这两种判断同时进行着。一方面，来自他人高水平网页的正规链接将会被明确重视；另一方面，来自贴有完全没有关联性的类似于书签的网页的链接会作为"几乎没有什么价值"（虽然比起不被链接来说好一些）而被轻视。

因此，如果从类似于 Yahoo! 那样的 PageRank 非常高的站点被链接的话，仅此网页的 PageRank 也会一下子上升；相反地，无论有多少反向链接数，如果全都是从那些没有多大意义的页面链接过来的话，PageRank 也不会轻易上升。不仅是 Yahoo!，在某个领域中可以被称为是有权威的（或者说固定的）页面来的反向链接是非常有益的。但是，只是一个劲地在自己一些同伴之间制作的链接，如像单纯的内部照顾这样的做法很难看出有什么价值。也就是说，从注目于全世界所有网页的视点来判断（你的网页）是否真正具有价值。

综合性地分析这些指标，最终形成了将评价较高的页面显示在检索结果的相对靠前处的搜索结构。

以往的做法只是单纯地使用反向链接数来评价页面的重要性，但 PageRank 所采用方式的优点是能够不受机械生成的链接的影响。也就是说，为了提高 PageRank 需要有优质页面的反向链接。例如，如果委托 Yahoo! 登陆自己的网站，就会使得 PageRank 骤然上升。但是为此必须致力于制作（网页的）充实的内容。这样一来，就使得基本上没有提高 PageRank 的近路（或后门）。不只限于 PageRank（Clever 和 HITS 等也同样），在利用链接构造的排序系统中，以前单纯的 SPAM 手法将不再通用。这是最大的一个优点，也是 Google 方便于使用的最大理由（虽然是最大的理由，但并不是唯一的理由）。

在这里请注意，PageRank 自身是由 Google 定量，而与用户检索内容的表达式完全无关。就像后边即将阐述的一样，检索语句不会呈现在 PageRank 自己的计算式上。不管得到多少的检索语句，PageRank 也是一定的、文件固有的评分量。

PageRank 的定性说明大致就是这样。但是，为了实际计算排列次序、比较等级，需要更定量性的讨论。以下将做详细地说明。

(2) 查看 PR 值

相信对搜索引擎优化感兴趣的人，都听说过 Google 网页级别。英文是 PageRank，缩写是 PR。

所谓网页级别，是由 Google 的两位创始人 Larry Page 和 Sergey Brin 在斯坦福大学开发的衡量网页重要性的一个指标。简单地说，你的网页导入链接越多，你的网页级别就越高。实际上网页 A 链接到网页 B 时，Google 就认为网页 A 投了网页 B 一票。网页 B 所得的票数越多，网页级别也就越高，也就是在 Google 眼里，网页 B 就越重要。

Google 在排列搜索结果的时候，网页级别是排名算法当中很重要的一个因素。当然，随着技术的改进，网页级别的重要性在一点一点地下降。

想要提高网页级别，只有一个方法，就是获得更多的导入链接。同时要注意两点：

一是链接到你的网页的网页 A 本身的网页级别有多高。网页 A 本身的网页级别越高，当然他所投的票的价值就越高，网页 B 所能获得的级别也才越高。

二是在网页 A 上一共有多少导出链接。导出链接的数目会稀释所投票的价值。也就是说如果网页 A 链接到你，而网页 A 本身网页级别很高，而且它只链接到你的网页 B，那么你的网页 B 就会得到最高的网页级别价值。

网页级别是 0～10，0 是最低级别，10 是最高级别。只有最重要的几个网站达到了网页级别 10，如 Google 本身。如果 PR 条当中完全是白色的，那么你的网页级别就是 0。如果是灰色的，那么你的这个网页还没有被 Google 所收录，或者这个网站是被惩罚或已被删除的。一般来说，PR5 应该被认为是不错的网页级别。要想达到 6、7 以上是很困难的。

网页级别是以网页为单位的，而不是整个网站，所以每一个网页本身都有它自己的网页级别。很可能你的主页是 PR5，但是里面的内容页就会降为 PR4、PR3，甚至 PR0。

对网页级别 PR 一个很大的误解是网页级别的名称来源。实际上在英文当中，网页级别原译应该是佩奇级别。这个名字来源于它的创始人拉里佩奇 Larry Page，是以创始人本人的名字来命名的。这一点 Google 内部的人已经澄清过很多次。但巧合的是，在英文中 Page（佩奇）与网页是同一个词。所以在翻译成中文的时候，似乎绝大部分站长都直接翻译成网页级别。虽然意思对，但实际上不符合 Google 的原意。

项目五

搜索引擎营销关键词运用

知识目标：

- 掌握关键字的概念
- 理解关键字词频、关键字密度
- 了解主关键字、辅关键字

能力目标：

- 能够寻找及筛选关键字
- 掌握关键字词频与密度的关系
- 学会制定关键字策略

▶ 任务1 关键字寻找

5.1.1 案例描述

利用搜索引擎的搜索功能，我们可以轻松地找到与页面主题相关的关键字。具体操作如下：以页面主题名称作为关键字在搜索引擎中进行搜索，这样在搜索结果页面的底部就会展示出与该主题名称相关的关键字（这种关键字寻找方法适用于 Google 支持的所有语言）。

例如，一个主题为"小游戏"的网站，我们就可以以"小游戏"作为关键字进行搜索。在搜索结果页面的底部就会展示出与"小游戏"相关的关键字，包括"在线小游戏""免费小游戏""休闲小游戏""迷你小游戏"等，如图 5-1 所示。

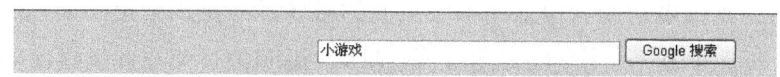

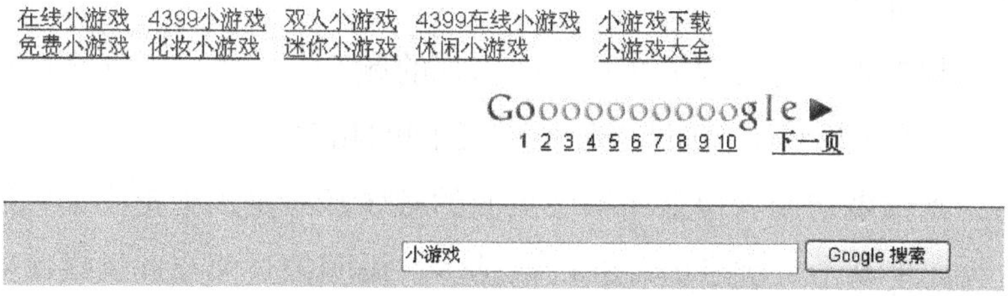

图 5-1　与“小游戏”相关的关键字

此外，在中文里，我们还可以利用百度的相关搜索功能寻找更多相关的关键字。只要我们在搜索框中输入网站主题的名称“小游戏”，然后单击“获取推荐关键字”按钮即显示出与“小游戏”相关的关键字（如图 5-2 所示）。在“日检索量”中，我们还可以得知对应关键字的日搜索量。

关键词	日检索量	竞争激烈程度	起价	操作
网上在线小游戏	(50, 100]		0.35	添加
无需下载的小游戏	(20, 50]		0.97	添加
小游戏制作	(0, 20]		0.74	添加
小游戏	20000及以上		0.30	添加
网页小游戏	(1000, 5000]		0.44	添加
在线rpg小游戏	(20, 50]		0.99	添加
在线小游戏	20000及以上		0.40	添加
策略类小游戏	(200, 500]		0.30	添加

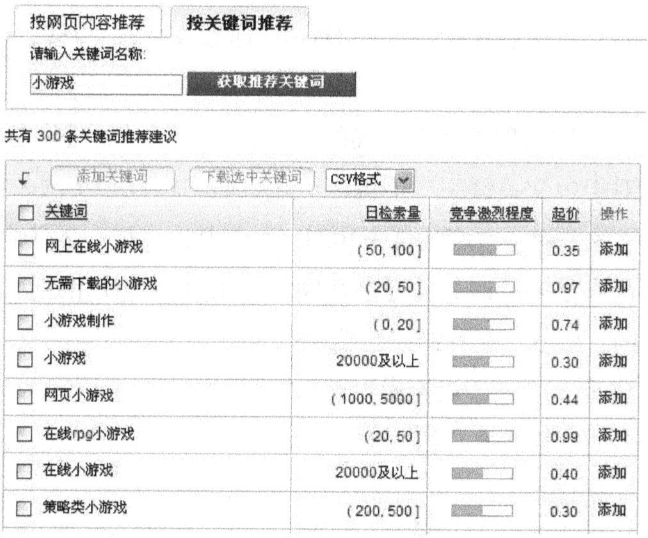

图 5-2　百度相关搜索

5.1.2　相关知识

（1）关键字简介

关键字（Keyword）在不同的领域有不同的含义。在搜索引擎中，关键字是指用户在寻找相关内容时所使用的信息，是搜索应用的基础，也是搜索引擎优化的基础。搜索引擎优化的作用之一就是提高页面与某个关键字之间的相关性，要了解关键字与页面相关性的关系，我们要从认识关键字词频及关键字密度开始。

（2）关键字词频

关键字词频是指某个关键字在页面中出现的频率，即关键字在页面中出现的次数，其从一定程度上反映了页面与该关键字之间的相关性。

在搜索引擎发展初期，搜索结果中页面的排序基本是由关键字词频所决定的。也就是说，页面中某个关键字出现的次数越多，说明该页面与此关键字间的相关性就越高，因此在这个关键字的搜索结果中排名就越靠前。这种单纯以词频决定排序的方式，极容易被恶意操纵，从而影响搜索引擎的用户体验。因此，搜索引擎逐渐引进了如关键字密度、关键字分布及外部链接等因素进行制约。

（3）关键字密度

在实际中，常用关键字密度来衡量页面中关键字的词频是否合理。关键字密度主要是由"关键字词频"及"总词汇量"两个因素决定，这三者之间的关系如下：

关键字密度 = 关键字词频 / 总词汇量，

式中，总词汇量是指页面程序标签（如 HTML 标签及 ASP、JSP、PHP 等）以外的词汇的数量。

以下对关键字密度的理解是不正确的：关键字密度 = 关键字总字节数 / 页面总字节数。例如，对于中文关键字"手机"，在页面中出现了 1 次，如果页面大小是 1 kB，则"手机"的关键字密度就是 4/1024（1 个中文字符 = 2 字节，1 个英文字符 = 1 字节）。目前有很多所谓的关键字密度统计工具都是使用这种方法统计中文网页的关键字密度的，所以，统计结果是错误的。

了解关键字密度，要先认识搜索引擎对页面的分词。本书将从中英文这两种我们平常接触得最多的语言出发介绍关键字密度。

①英文关键字密度

要了解英文关键字密度，关键是要认识在英文语言环境中，搜索引擎是怎样对页面进行分词的。

a. 分词

分词又称为切词，是指把网页中的正文内容划分为若干个具有实际意义的词汇。

b. 英文分词

在英文书面表达里，空格是单词之间的自然分隔符，而句点就是一个句子或者段落结束的标记。根据这个特征，搜索引擎就可以轻易地对网页正文内容进行准确的划分。

如图 5-3 所示，"camcorder battery"之间的空格就是单词 camcorder 与单词 battery 间的分隔符；而句点"."则是该句子结束的标记。

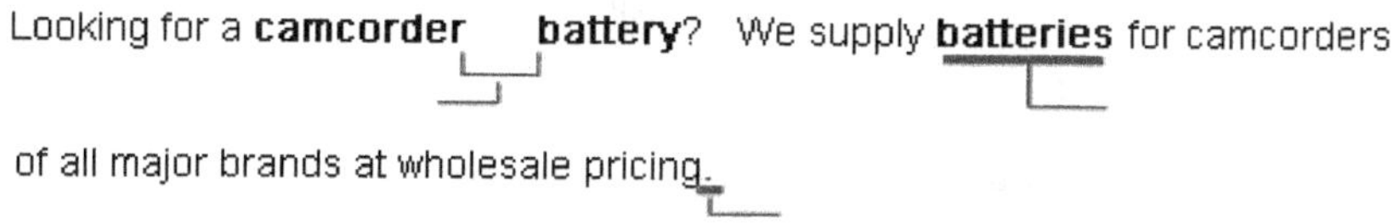

Looking for a **camcorder** **battery**? We supply **batteries** for camcorders of all major brands at wholesale pricing.

图 5-3 英文句子

c. 英文关键字密度

在英文中，同一单词的不同形式会被认为是两个不同的单词（大小写除外）。例如，battery 与其复数形式 batteries，就会被认为是两个不同的单词。在图 5-3 的句子中，battery 与 batteries 各在页面中出现了 1 次，则 battery 与 batteries 的关键字密度都是 1/17。

而对于英文词组，在衡量这个英文词组的关键字密度是否合理时，除了计算这个英文词组的关键字密度以外，还要计算组成英文词组里的每一个单词的密度。例如图 5-3 中，对于词组关键字"camcorder battery"，除了要统计"camcorder battery"这个词组的关键字密度以外，还要统计"camcorder"与"battery"的关键字密度。即"camcorder battery"在页面中出现了一次，它的关键字密度 就是 1/16[①]；而"camcorder"与"battery"都只出现了一次，则它们的关键字密度都为 1/17。

通过手工方式统计页面中的关键字密度显然是不可行的。下面介绍一个计算英文页面中关键字密度的工具——关键字密度检查器。

d. 英文关键字密度工具

（工具地址：http://www.seochat.org/html/seo/2006/1021/73.html）

"关键字密度检查器"只适用于英文网站，这个工具通过统计页面中每一个单词出现的次数，计算出每个单词占页面总单词量的比例，如图 5-4 所示。

[①] 由于"camcorder battery"被看作是一个整体，所以，网页中的词汇量只有 16。

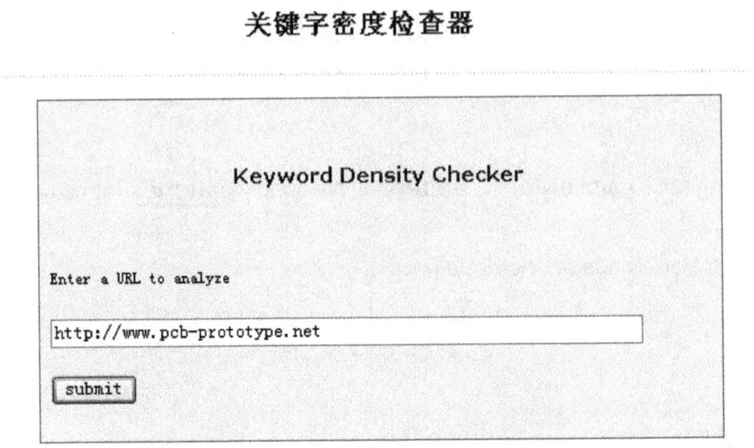

关键字密度检查器

图 5-4　关键字密度检查器界面

我们只需要在文本框中输入要查询的页面 URL。例如,输入"http://www.pcb-prototype.net",点击"submit",即可查询该页面中关键字的密度,如图 5-5 所示。

图 5-5　页面中部分关键字的密度

②中文关键字密度

a. 中文分词

在中文里,字或者词之间并不存在自然分隔符,而且中文里的词通常是由两个或两个以上的中文字符组成。因此,搜索引擎不能借助分隔符对页面的正文内容进行分词,而是按照某种算法把页面正文内容划分为若干个中文词汇。

b. 中文关键字密度

为了让读者可以更加容易理解中文关键字密度，下面举一个简单的例子进行说明。例如，网页内容为"我的笔记本"，搜索引擎将其切分为"我""的""笔记本"，则关键字"笔记本"在这个网页中的密度就是 1/3。

对于短语关键字，在衡量这个短语的关键字密度是否合理时，除了计算这个短语的关键字密度，还要计算组成短语里的每个词的密度。例如，"智能手机走进大众市场"切分为"智能""手机""走进""大众"和"市场"。短语关键字"智能手机"的关键字密度是 1/4[①]，而"智能手机"中的"智能"及"手机"各出现了一次，它们的关键字密度都是 1/5。

③键字密度范围

通过以上内容，我们知道搜索引擎对页面的分词方法，以及如何计算中、英文页面中的关键字密度。但是，页面中关键字密度在什么范围才算合理呢？这在不同的搜索引擎中会有所差别。一般认为，关键字密度在 6%～10% 是比较合理的。

为什么关键字密度在 6%～10% 的范围内较为合理呢？搜索引擎会把对传统事物的分析、统计结果作为制定算法的一个参考指标。例如，对 n 个网页进行分析、统计后确定上述范围。因此，加强对传统事物的观察，对开展搜索引擎优化也会有一定帮助。

④关键字密度与页面相关性

关键字密度是衡量页面相关性的重要指标之一。搜索引擎会根据页面中每个关键字的密度对页面的主题进行定位。也就是说，如果我们的页面要出现在某个关键字 K 的搜索结果中，最基本的是页面中 K 的关键字密度要在某个特定的范围内（如 6%～10%）。

例如，要想让网站中的某个页面出现在"手机"的搜索结果中，则首要条件就是该页面上"手机"这个词的关键字密度要在某一个特定的范围内。否则，就会被排除在"手机"的搜索结果以外。

（4）关键字词频与密度的关系

尽管关键字密度与关键字词频都是表达页面中某个关键字的多寡，但是两者的含义却存在很大差别。关键字词频表达的是关键字出现的次数，而关键字密度表达的是该关键字的词频与页面总词汇量的比例。两者的关系如下：

[①] 由于"智能手机"被看作是一个整体，所以网页中的词汇量只有 4。

关键字密度是衡量页面中关键字词频是否合理的重要指标。当两个页面词汇量相等时,关键字密度越大,词频就越大;反之亦然。但是,不管是关键字密度还是词频,都不是越大越好,而是有一个阈值。关键字密度达到某个阈值时,页面相关性最大。当高于或者低于这个阈值时,页面相关性就会出现递减,如图5-6所示。

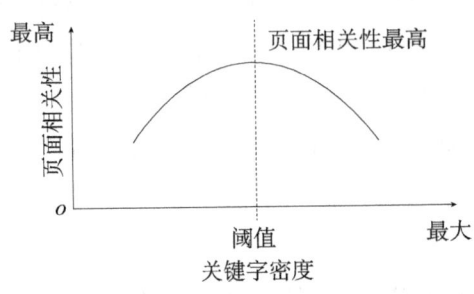

图5-6 关键字密度与页面相关性的关系

(5)主关键字

主关键字是指表达页面主题的关键字,而非意义最广泛的关键字。例如,一个页面的主题是"手机铃声下载",那么这个页面的主关键字就是"手机铃声下载",而非"手机铃声"或者"手机"。

(6)辅关键字

由于一个关键字会存在多种不同的表达或者描述方式,从而产生了所谓的辅关键字。例如,英文的单复数或词组,中文的结构短语(如形容词+名词)等。

①辅关键字简介

辅关键字是对主关键字进行相应的增加或删除后产生的,对主关键字的意义在程度或者范围上起扩大或者缩小作用。

a. 在英文语言环境里,我们除了可以使用主关键字与其他单词或词组组合后产生的新词组作为辅关键字以外,还可以选择主关键字的单复数等形式作为辅关键字。

例如,"battery"与另一个单词"camcorder"组合后产生的词组"camcorder battery"是一个辅关键字;而其复数形式"batteries"也是主关键字"battery"的一个辅关键字。

b. 在中文语言环境中,我们也是通过对主关键字进行相应增加或删除的方法得到辅关键字的。

例如,主关键字"手机"与"智能"组合后,就产生一个新的辅关键字"智能手机"。

②辅关键字作用

在页面中，辅关键字可以有效增加主关键字的词频，突出页面的主题。此外，辅关键字的存在还会提高页面被检索的概率，从而增加网站的流量。

a. 从内容方面讲，辅关键字是主关键字的一个重要的说明及补充。

例如，有两个网站，包含以下栏目：

甲网站——"手机""诺基亚""三星""摩托罗拉""多普达"；

乙网站——"手机""智能手机""拍照手机""音乐手机""娱乐手机"。

乙网站中的辅关键字"智能手机""拍照手机""音乐手机""娱乐手机"就对主关键字"手机"进行了重要的补充，提高了页面相关性。

b. 利用辅关键字可以有效增加主关键字的词频，控制关键字密度，避免为了提高主关键字词频而陷入堆砌关键字的误区。

例如，有两个内容如下的页面：

页面1——"手机""智能手机""商务手机""音乐手机""拍照手机"；

页面2——"手机""手机""手机""手机""手机""手机"。

搜索引擎对页面1进行分词操作后，得到词汇"手机""智能""手机""商务""手机""音乐""手机""拍照""手机"，则页面1中主关键字"手机"的关键字密度就是5/9，而词频是5。

而经过对页面2进行分词操作后，得词汇"手机""手机""手机""手机""手机"，则主关键字"手机"的关键字密度是100%，词频也是5。

假设关键字密度在10%的时候页面相关性最高，那么页面1显然比页面2更接近这个值。

c. 增加相关的辅关键字还可以提高页面被检索的概率。

例如，一个页面中存在主关键字"手机"及辅关键字"手机报价"和"手机图片"，那么用户除了可以在主关键字"手机"的搜索结果中发现该页面以外，还有可能在"手机报价""手机图片"等辅关键字的搜索结果中发现该页面。

经过上面的介绍，相信读者对关键字词频及密度与页面相关性的关系已经有了一定的了解，接下来，介绍的是关键字的分布及表现形式与页面相关性之间的关系。

（7）关键字分布及表现形式

搜索引擎对网页的分析是在网页的HTML源代码上进行的，网页的源代码从一定程度上反映了搜索引擎分析网页内容的先后顺序。这里将结合页面布局及HTML

源代码对关键字的分布规律进行说明。

① 关键字分布

搜索引擎分析网页的时候,在 HTML 源代码中是自上而下地进行的。而从页面布局的角度来看,则是自上而下、自左而右进行的,这也与用户浏览网页的习惯相符。因此,搜索引擎会更加重视网页中首先出现的内容,所以我们在规划页面时也应该把相对重要的内容安排在页面的顶部。如图 5-7 所示,搜索引擎对页面的重视程度沿着箭头方向逐渐降低。

图 5-7 用户浏览习惯

下面,我们再从文章写作的角度分析关键字的分布规律。在一篇文章中,题目是最先出现的;然后就是文章的简述;再就是围绕文章主题而展开描述的内容;最后通常是对文章内容的总结。对于网页而言,网页标题就是网页的"题目",描述标签的内容则是文章的简述,网页正文内容就是文章内容,网页最底部内容就是文章内容的总结。因此,页面中的主辅关键字应该合理地分布在这些区域上。

a. 页面头部主要包括标题及描述标签

标题内容在网页头部中是最先出现的,然后就是描述及关键字标签的内容(这就相当于文章的题目与简述)。所以,我们要让主关键字优先出现在标题及描述内容的最前面。

如下面代码所示,主关键字"搜索引擎优化"在标题及描述内容的最前面出现;然后,就是辅关键字 SEOCHAT 等。

```
<title>搜索引擎优化 - SEOCHAT</title>
<meta content=" 搜索引擎优化：SEOCHAT 收集搜索引擎优化、网站优化资料及工具。致力搜索引擎优化研究，与广大 SEO 爱好者分享搜索引擎优化技巧与经验。最新推出网站优化及培训服务！" name="Description">
<meta content=" 搜索引擎优化，SEOCHAT" name="Keywords">
```

b. 网页正文

第一，在网页正文中，相对重要的就是网页的最顶部及最底部，即接近 <body> 标签后及 </body> 标签前的位置，如下所示。

顶部代码：

```
<body>
<table width="778" border="0" align="center" cellpadding="0" cellspacing="0">
<tr>
<td width=218><a href="http://www.seochat.org"><img src="http://www.seochat.org/images/main/i1.gif" width=218 height=32 border=0 alt=" 搜索引擎优化 "></a>
```

底部代码：

```
CopyRight &copy； 2005-2008
<A class=drm_black href="http://www.seochat.org/"> 搜索引擎优化 </A>, All Rights Reserved.
</body>
</html>
```

第二，除了网页的头部、正文最顶部及最底部这些相对重要的位置外，在网页中，左上区域的关键字词频要比右下区域大；对应 HTML 源代码，就是顶部的关键字词频要比中下部的大。

例如，在某页面中，主关键字"搜索引擎优化"在左上区域的词频明显大于右下区域，如图 5-8 所示。

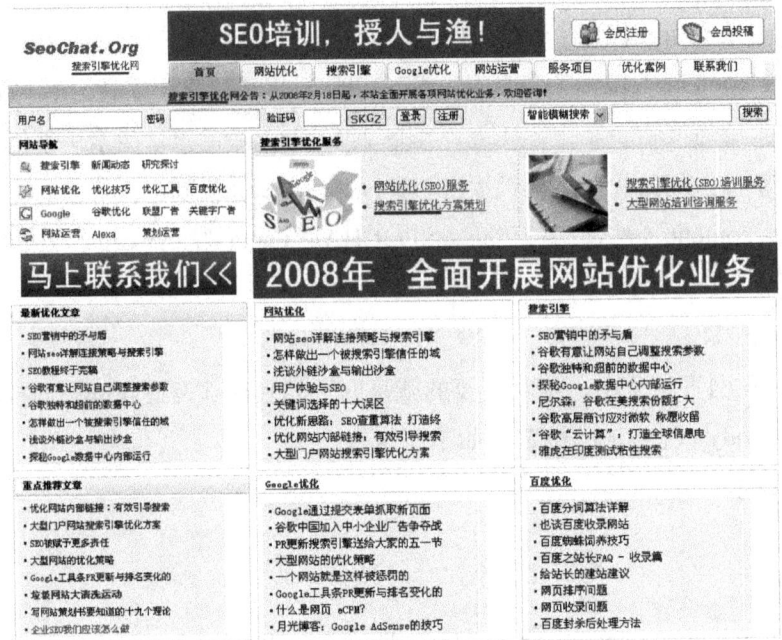

图 5-8 关键字"搜索引擎优化"分布图

任务 2 关键字评估

5.2.1 案例描述

利用百度的"搜索引擎竞价排名系统"（http://www2.baidu.com/inquire/price.php?fromFC=1&uid=746025），可以查询每个关键字的竞价排名价格。例如对于关键字"香港公司注册"，在百度中排名第一位时，每点击需要付出的费用为大约人民币 19.52 元，如图 5-9 所示。

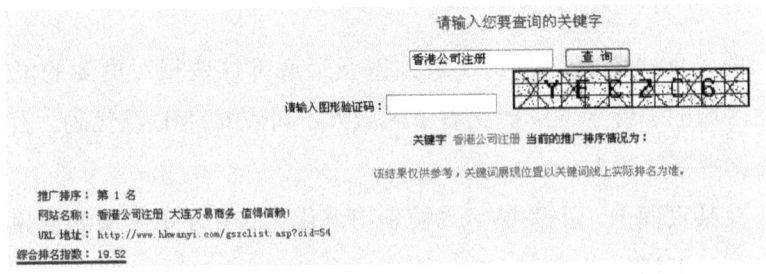

图 5-9 关键字"香港公司注册"在百度中的竞价费用

另一个可以查询关键字商业价值的工具就是谷歌关键字广告（Google Adwords）里的"点击量估算"工具。例如，关键字"香港公司注册"，每点击的价格大概是人民币 39.79 元，如图 5-10 所示。

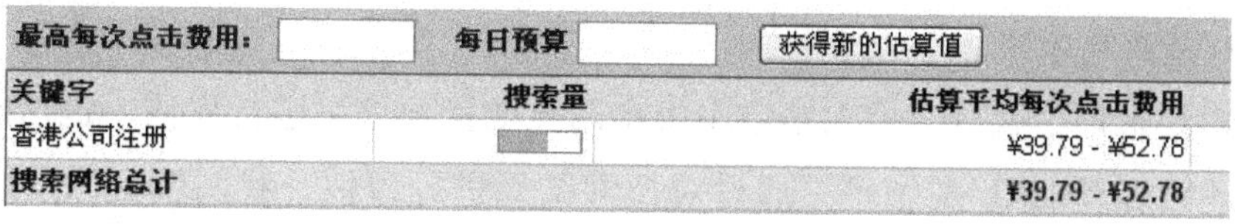

图 5-10　关键字"香港公司注册"在 Google 中的竞价费用

在雅虎奇摩的关键字选择工具中，目前并不提供最高费用的数据，只可以查询每一个关键字的建议价格。例如，对于关键字"网页设计"，如果我们每天要获得最大的点击量，那么每点击的建议出价是新台币 4.5 元（约合人民币 0.882 元），如图 5-11 所示。

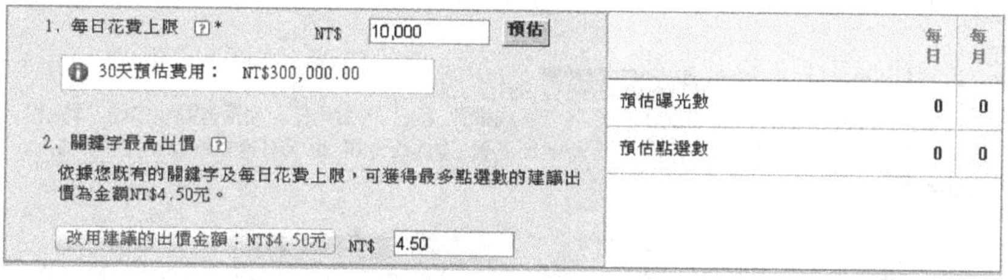

图 5-11　关键词"香港公司注册"在雅虎奇摩中的建议价格

5.2.2　相关知识

通常，人们会以关键字的相关搜索结果数来衡量该关键字的竞争程度。但是，这样是不合理的。关键字的相关搜索结果数只能反映与该关键字相关的页面有多少，并不能说明参与优化该关键字的页面有多少。

例如，对于关键字"甲苯"，在 Google 上进行搜索时共返回了 3 680 000 个相关结果，但这并不说明"甲苯"这个关键字就存在三百多万个竞争对手，如图 5-12 所示。

图 5-12　关键字"甲苯"在 Google 中的搜索结果数

搜索一个关键字，不管在搜索引擎中返回多少个相关结果，一般真正参与竞争的只有前10～20个页面。对于一些极度热门的关键字，也有可能会超过50个页面。因此，我们只要分析、评估搜索结果的前10个页面就可以了解某一关键字的竞争情况。对关键字竞争的程度，我们主要从"搜索结果"及"网页"入手。

（1）搜索结果评估

搜索结果评估就是对搜索结果中每个网页的摘要信息进行评估，包括网页的标题、描述内容及URL类型等。通过对搜索结果进行评估，我们就可以从中筛选出潜在的竞争对手。

①标题评估

对页面标题的评估，主要是查看页面的标题内容中是否包括主关键字，且主关键字是否出现在标题的最前面。例如，在关键字"小游戏"的搜索结果中排名前几位的页面的标题有一个共同点，那就是标题中都包含主关键字"小游戏"，而且都出现在最前面。尽管这并不能说明这些页面就具备很强的竞争力，但至少说明该页面存在参与竞争的意识，如图5-13所示。

图5-13 关键字"小游戏"的部分搜索结果

②描述信息评估

页面描述信息评估主要是查看摘要信息中的描述内容，是以填充关键字为目的还是以介绍页面为主。那些在描述中简单填充关键字的网页，除非得到异常多的外部链接支持，否则竞争力是非常有限的，如图5-14所示。

图 5-14 关键字"小游戏"其中一个搜索结果的摘要信息

而有的页面描述则是对本页面进行详细的介绍,这无论对于普通用户还是搜索引擎都是非常友好的。这类网页就带着非常明显的优化目的,对搜索引擎优化也有相当的了解,如图 5-15 所示。

图 5-15 关键字"小游戏"其中一个搜索结果的摘要信息

③ URL 评估

对 URL 的评估主要是查看页面的 URL 类型(URL 的权重关系如下:WWW 子域名 > 其他子域名 > 目录),以及 URL 中是否包括关键字。

a. 如果在搜索结果中,大部分页面的 URL 都是 WWW 子域名或其他子域名,则说明这个关键字的竞争相对比较激烈,因为 WWW 子域名及其他子域名的权重要比目录形式的 URL 高。

b. URL 中是否包含与页面内容相关的关键字,也从一定程度上反映该页面的竞争实力。如果搜索结果中大部分页面的 URL 都包含所查询的关键字,那么这个关键字的竞争也是比较激烈的(但相对于 WWW 子域名与其他子域名就稍为缓和一点)。如图 5-16 所示,页面的 URL 中就包含了主关键字"canona 520"。

图 5-16 关键字"canona 520"其中一个搜索结果的摘要信息

(2)页面评估

经过对搜索结果中网页的标题、描述及 URL 信息进行评估,我们就可以从中筛选出部分潜在的竞争对手。接下来,我们就要评估这些潜在对手的竞争实力。

一般情况下，我们会根据页面的关键字表现、页面结构及 PR 值等评估每一个潜在竞争对手的竞争实力。

①关键字表现

对关键字表现的评估主要是查看关键字在页面中的分布情况及权重标签的使用。

a. 查看关键字是否出现在页面的最前面（即最接近 <body> 标签），不管是以文本还是图片 alt 属性值的形式。如下面代码所示，关键字"小游戏"就出现在最接近 <body> 标签处。

```
<body topmargin=0 >
<table width="778" border="0" align="center" cellpadding="0" cellspacing="0">
<tr>
<td width=218>
<a href="http://www.10flash.net"> 小游戏 </a>
</td>
```

b. 页面中的关键字是否合理地结合标题（即 <h1> 等）、加粗、斜体、颜色属性等权重标签，从而突出关键字的重要性，提高页面相关性、如图 5-17 所示。

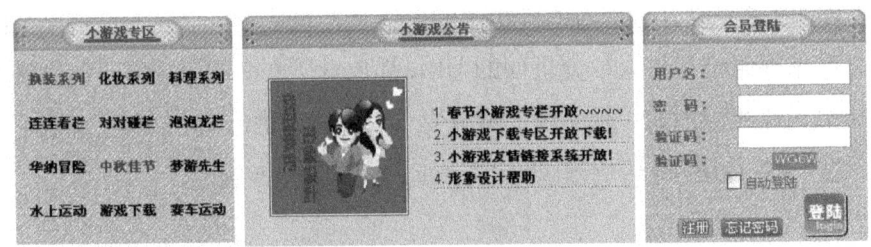

图 5-17　关键字"小游戏"在页面中的表现形式

②页面结构

评估页面结构是否合理，主要从页面内容的分布合理性、页面所使用的元素及展示内容的技术这几方面进行衡量。

a. 页面结构是否合理，主要是指页面中的重要内容是否出现在相对重要的位置上，即页面中主辅关键字出现的频率是否上＞下、左＞右，如图 5-18 所示。

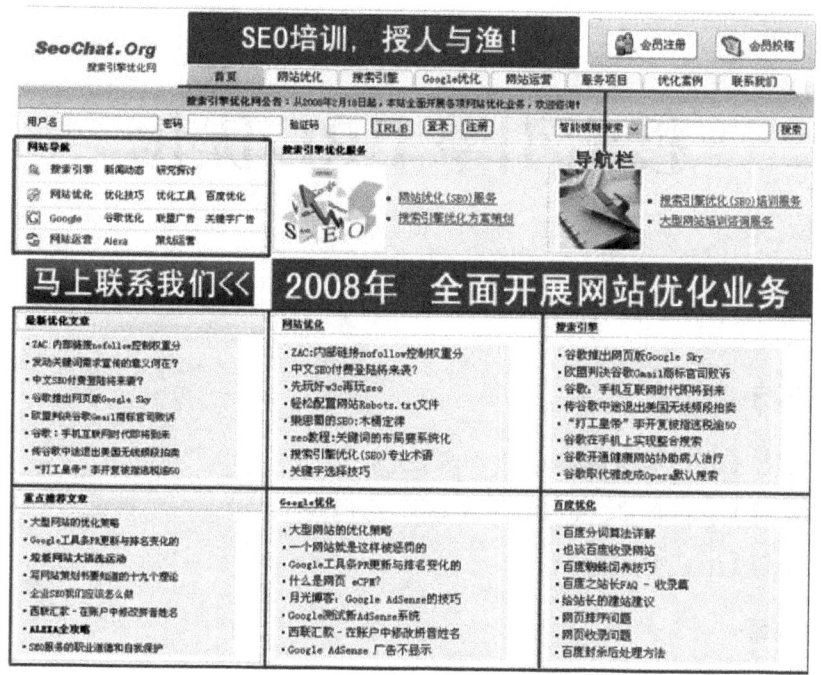

图 5-18 Seochat.org 首页结构

b. 如果一个页面是纯 Flash 页面，或者页面中存在很多对搜索引擎不利的元素，则这类页面也不存在多大的竞争。

③ PR 值

Google PR 值是衡量页面权重的一个重要指标，反映了网站结构、页面结构的合理性、内外部链接的数量及质量。页面的 PR 值越高，从一定程度上反映了该页面的实力越强。

以 Google PR 值衡量一个页面的优劣非常简单、直观。但是，我们不能以 Google PR 值作为评估页面竞争力的唯一指标，而必须结合关键字表现、页面结构，缺少其中任何一个都可能造成对实际形势做出错误判断的严重后果。

项目六

搜索引擎 URL 优化

知识目标：

- 了解 URL 各组成部分的命名技巧
- 理解 URL 长度、URL 中关键字的词频
- 了解 URL 重定向

能力目标：

- 会对 URL 各组成部分的命名
- 掌握 URL 各组成部分优化
- 掌握 URL 静态化处理方式

▶ 任务 1　URL 优化

6.1.1　案例描述

在域名信息查询系统（如图 6-1 所示）里输入要查询的域名名称，以及选择对应的域名类型；然后点击"查询"，如果该域名已经被注册，我们就可以查看该域名的相关信息。从查询结果中可以看到，这个域名的建立时间（Creation Date）是 2008 年 8 月 6 日，如图 6-2 所示。

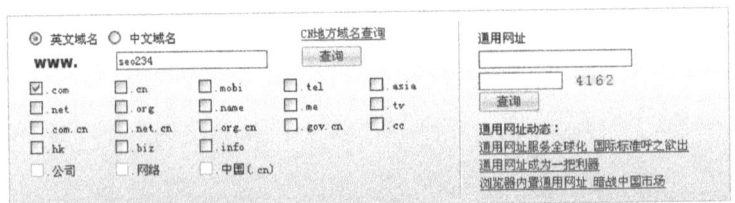

图 6-1　域名信息查询系统

```
seo234.com 的详细信息：

Whois Server Version 2.0

Domain names in the .com and .net domains can now be registered
with many different competing registrars. Go to http://www.internic.net
for detailed information.

    Domain Name: SEO234.COM
    Registrar: BIZCN.COM, INC.
    Whois Server: whois.bizcn.com
    Referral URL: http://www.bizcn.com
    Name Server: NS1.MYHOSTADMIN.NET
    Name Server: NS2.MYHOSTADMIN.NET
    Status: clientDeleteProhibited
    Status: clientTransferProhibited
    Updated Date: 27-mar-2009
    Creation Date: 06-aug-2008
    Expiration Date: 06-aug-2011
```

图 6-2　域名 seo234.com 的相关信息

6.1.2　相关知识

（1）域名

域名是一个网站的入口，是所有用户（包括搜索引擎）访问网站的必经之路。在某些情况下，域名还能从一定程度上反映网站的主题。例如，网站 seochat.org 的主题是 SEO。

①域名的组成

以 seochat.org 这个域名为例，它是由两个不同的部分组成的，这两个部分间具有鲜明的层次关系。其中，".org"是域名的第一层，即域名类型；而"seochat"则是域名的名称，处在第二层。

②域名注册时间

域名注册时间是指域名建立的时间，域名注册的时间越长，从一定程度上反映这个域名越值得信任。因此，这个域名所指向的网站就可以获得更高的权重。下面介绍怎样查看网站注册的时间。

在实际应用中，我们会使用域名信息查询系统查询域名的注册时间、过期时间及域名所有者等信息，每一个域名注册提供商都会提供这样的免费查询服务。例如，我们在注册某个域名的时候，就会利用域名信息查询系统查询相关域名的信息。

③域名使用时间

域名使用时间是指域名被绑定到某个特定的网站以后，这个网站运营的时间。但是，域名的使用时间需要结合网站的主题进行衡量。也就是说，域名的使用时间是与域名所指向的网站的主题相关联的。例如，一个域名使用了 10 年，如果这个域名在这 10 年间，断断续续地指向 100 个不同主题的网站，那么这个域名在提高网站主题相关性方面所起的作用也是微不足道的。

在互联网上，有一些网站是可以提供网站的历史信息查询的。例如，WaybackMachine（http://web.archive.org），如图 6-3 所示。

图 6-3　WaybackMachine 查询界面

④域名过期时间

每一个域名都有一个使用时间，这个使用时间主要是取决于购买或者注册域名时所付出的费用。例如，可以购买 3 年甚至更长的使用时间。

站在搜索引擎优化的角度，域名的过期时间也会在一定程度上影响网站的权重。一个域名的可使用时间越长，那么得到的权重相对来说就会越高。例如，对于同样时间注册的两个域名，域名 A 的过期时间是 10 年后，而域名 B 的过期时间是一年后，那么搜索引擎就会认为域名 A 更值得信赖，从而赋予域名 A 更高的权重。

⑤关键字域名

从 URL 命名技巧中，我们知道采用相关的关键字为 URL 各组成部分进行命名，有利于提高对应页面的相关性。同样，采用与网站主题相关的关键字作为域名也有利于提高网站的相关性。

使用关键字作为域名，还涉及关键字的表达形式问题，如中文、英文及拼音等。在实际应用中，我们应该根据网站的具体情况采用相应的命名形式。例如，对于简体中文网站，我们常以关键字的拼音形式作为域名。

看看下面这几个关于关键字域名的例子：

域名（1）：www.shumaxiangji.com

域名（2）：www.smxj.com

域名（3）：www.digital-camera.com

这 3 个域名都是想在域名中表达"数码相机"这个关键字，却存在很大的差异。

域名（1）中"shumaxiangji"是关键字"数码相机"的拼音形式，如果这是一个与"数码相机"相关的简体中文网站的域名，则能在很大程度上提高网站的相关性。

域名（2）中的"SMXJ"是"数码相机"每个拼音的首字母，但搜索引擎的切词系统里并不存在这个词。因此，该域名也就表达不了"数码相机"的意义。

域名（3）中"digital-camera"是"数码相机"的英文形式，绝大部分搜索引擎都能识别，因为"digital camera"是一个存在于搜索引擎切词系统里的词组。对于选择该关键字作为域名的网站，如果内容是英文，则该域名起的作用是非常大的。但如果内容是中文，则不如域名（1）。

为什么在中文网站中使用拼音形式的关键字域名会更具优势呢？因为绝大部分用户对自己的母语最为熟悉。如果你是中国人，难道你希望在搜索结果中首先看到阿拉伯语言的网站吗？

再次强调，关键字域名除了在语言上要与网站相匹配外，在内容上也必须与网站主题相关，即该关键字所表达的意义与网站主题是相关的。域名中的关键字与网站主题内容毫不相关，不仅是一种欺骗搜索引擎的行为，同样也是一种欺骗用户的行为。尽管搜索引擎不会因为你采用了与网站主题不相关的关键字域名而对你的网站进行惩罚，但也不会有任何帮助。既然这样，既不讨好搜索引擎又误导了用户，还有必要采用吗？

实际上，我们也不能为了单纯提高网站的搜索引擎友好性而申请相关的关键字域名，更应该结合网站品牌、域名的易记性、搜索引擎友好性等多方面进行考虑。这在中文内容网站中实现起来比较困难，因为在中文网站中，拼音形式的关键字域名字符数是非常多的，并不能满足易记性的要求。例如，"数码相机"的拼音形式域名"shumaxiangji.com"。

但是，在英文网站中，可行性是非常高的。例如一个销售"数码相机"的网站，把域名定为"www.digital-camera.com"，这样对于一个母语是英语的人来说就非常易记的，更重要的是该域名还是一个极为热门的关键字。

⑥域名后缀问题

本节讲述的是域名后缀（域名类型）的选择问题，常见的域名后缀包括："com" ".net" ".org" ".gov"和".edu"。其中，".com"表示商业机构，".net"表示网络服务机构，".org"表示非营利性机构，".gov"表示政府机构，".edu"

表示教育机构。

实践证明，Google更重视".org"".edu"为后缀的域名，这说明Google更重视非营利性与教育性网站。但是，我们不能因为搜索引擎特别重视这两类域名而忽略网站自身的性质，采用不相关的域名后缀。

域名后缀只是决定网站排名的众多因素之一，并非唯一因素。单纯为了迎合搜索引擎而选择与网站不相关的域名类型是一种得不偿失的做法。

⑦国家（地区）域名的选择

除了国际域名以外，几乎每个国家（地区）都会有各自的域名，例如，中国大陆的国家域名包括".cn"".com.cn"等。

以Google为例，在世界上多个国家或者地区都有不同语言版本的Google。对于来自不同国家（地区）的请求，它会优先返回给与发出查询请求者所在地区最接近的网站。例如，我们使用英国版Google（www.google.co.uk）查询"SEO"，那么在搜索结果中，它会优先返回给英国地区的网站，如图6-4所示。

图6-4　Google.co.uk中"SEO"的搜索结果

从上面的例子中可以知道，搜索引擎除了可以根据网站的服务器IP及语言来识别网站所在的地区外，还会根据网站所使用的域名后缀来判断网站的地域性。所以，如果网站针对的是某个特定的国家（地区），那么在注册域名的时候应该优先使用这个国家（地区）的域名。但是，如果网站针对的是全球，那么就应该优先使用国际域名，例如".com"".net"等。

⑧域名长度

在域名的命名标准中，对于域名长度是有明显限制的。其中，中国国家域名不得超过 20 个字符，国际通用域名不得超过 26 个字符。由于在 URL 优化中，我们还需要综合考虑 URL 各组成部分名称的长度。因此不能为了使用关键字域名而耗费太多的空间。

因此，对于英文形式的关键字域名的长度（加上分隔符后）应该控制在 12 个字符以内。因为，超过这个长度的域名是极不利于用户记忆的，就算再热门的关键字，也是得不偿失的，如 www.camcorderbatteryshop.com。

拼音形式的关键字域名长度也不宜超过 12 个字符，因为由 12 个字符组成的拼音域名已经相当难记了，如 www.shumaxiangji.com。

如果没能取得简短易记的关键字作为域名，建议放弃使用关键字作为域名的做法，而采用简短易记的域名代替。如果是简短的非关键字域名，我们还可以在 URL 的其他组成部分（路径及文件名）中进行补救；而如果选择长关键字作为域名，则会对 URL 其他组成部分的优化产生很大的限制。这样既不讨好搜索引擎，又得不到访问者的青睐。

⑨关键字词频

在申请域名时还需要注意域名中关键字词频的问题，应避免在域名中重复同一关键字。不管在什么情况下，域名中的同一关键字只出现一次就足够了，因为还要考虑域名所占用的字符数，为 URL 的其他组成部分预留足够的空间。

⑩域名商标

在注册域名时，要避免使用已知注册商标的名称作为网站的域名，因为这样会存在侵犯他人注册商标的问题。

在实际操作中，我们在针对某些产品进行优化时有可能会注册很多热门关键字作为网站的域名，如果这些关键字恰好是其他公司的注册商标，那么就会存在侵犯他人注册商标的问题。例如，域名 www.thinkpad.com，其中 Thinkpad 是联想公司的注册商标。

(2) 子域名

①什么是子域名

顶级域名"seochat.org"由一个字符串加一个域名后缀组成，用"."号进行分隔。如果在顶级域名前加分隔符"."号，并加上不同的字符，则组成子域名，如bbs.seochat.org。

②子域名重要性

大型综合网站中通常有多个频道，用户访问这些频道的方式通常有两种：第一，"主域名＋目录"；第二，子域名。

例如，某网站的手机频道可以通过以下两种方式进行访问：

(1) http://www.seochat.org/shouji/

(2) http://shouji.seochat.org

在上面两个 URL 中，都使用了关键字"手机"的拼音形式，而且也只出现一次。但是，两者在 URL 方面所得到的权重却是不一样的。一般认为，使用子域名的方式比"主域名＋目录"的方式更具优势。

站在用户的角度，子域名更易记，也更具意义；而站在网站管理员角度，除非是特别重要的频道，否则不会绑定一个子域名。因此，搜索引擎也更重视绑定子域名的频道。

③关键字子域名

关键字子域名除了继承子域名的优势外，还有一点比较重要的就是关键字子域名中的关键字出现在 URL 的最开始处，这就在很大程度上提高了 URL 所指向的页面与该关键字的相关性。例如，"http://shouji.seochat.org"，该 URL 中包含了关键字"手机"的拼音形式，从而在很大程度上提高了该 URL 指向的页面与关键字"手机"的相关性。即便如此，关键字子域名在提高页面相关性方面所起的作用还是远不如关键字域名，因为域名拥有唯一性，而子域名则有无限的重复性。

关键字子域名的优化技巧与主域名优化基本是一样的，也要避免在子域名中重复同一关键字，以及在域名中使用与域名指向的页面不相关的关键字。接下来介绍如何处理主域名与子域名中存在相同关键字的情况，请看下面例子。

主域名：shumaxiangji.com；

子域名：shumaxiangji.shumaxiangji.com。

上例中，网站管理员明显是想把"数码相机"的拼音形式"shumaxiangji"作为子域名，以让关键字"shumaxiangji"能在域名的最开始处出现，提高页面的相关性。但这样做正好适得其反，因为同一关键字在 URL 中只出现一次已经足够。如果子域名与主域名存在相同的关键字，则我们可以根据实际情况使用一些意义相近、简单易懂的字符作为子域名的名称。例如，上例中的"http://shumaxiangji.shumaxiangji.com"，可以使用"http://dc.shumaxiangji.com"或者"http://smxj.shumaxiangji.com"等。

④免费子域名

免费子域名是由第三方提供免费使用的域名资源。在中国互联网发展的早期，很多个人网站会使用简单、易记的免费子域名作为网站域名，如曾经风靡一时的转址域名"yeah.net"。

由于子域名与主域名是密切关联的，这就使得子域名在一定程度上继承了主域名及其平台的价值及影响力。但是，使用免费子域名作为网站域名也是非常危险的。由于使用同一主域名的网站非常多，就算域名提供商也不能保证这些使用子域名的网站是合法的，更不要说用户了。

曾经发生过这样的情况：使用同一子域名的网站，其中一小部分存在作弊的行为，结果导致搜索引擎对该域名下所有该子域名指向的网站进行封杀。不管你是否作弊、违规，你的付出都会付诸东流。这种由子域名作弊而引起的"连坐"性惩罚，即使主域名也没能幸免。例如，提供免费虚拟空间的 51.net 就被整体封杀了近两年。

目前，搜索引擎经过改进算法后，会分别对每个子域名指向的网站内容进行判断，如果某个子域名指向的网站存在作弊行为，那么搜索引擎就只会对这个网站进行单独惩罚，而不会连累该主域名下的其他网站。

任务 2　实现 URL 重定向

6.2.1　案例描述

在搜索引擎优化中，301 重定向还常用于实现 URL 静态化。通过下列方法实现 301 重定向。

(1) 在 ".htaccess" 文件中增加 301 重定向指令

采用 "mod_rewrite" 技术，形式如下所示：

```
RewriteEngine on
RewriteRule ^ (.*)$ http://www.seochat.org/$1 [R=301，L]
```

(2) Apache 服务器

方法 1：

```
<VirtualHost *>
ServerName [URL]www.10flash.net[/URL]
RewriteEngine On
RewriteRule ^/(.*)$ [URL]http://www.seochat.org/$1[/URL] [R=301，L]
</VirtualHost>
```

方法 2：

```
<VirtualHost 219.133.X.X>
    Redirect / http://www.seochat.org/
    ServerName www.10flash.net
</VirtualHost>
```

(3) IIS 服务器

打开 Internet 信息服务管理器，在要重定向的网页或目录上点击右键，选择"重定向到 URL"，在"重定向到"输入框中输入要跳转到的目标网页的 URL 地址，再选中"资源的永久重定向"（切记），最后点击"应用"即可。

(4) 高级语言实现（ASP/PHP/ASP.NET）

```
ASP：
Response.Status="301 Moved Permanently"
Response.AddHeader "Location"，"http://www.seochat.org/"
```

Response.End
PHP：
header ("HTTP/1.1 301 Moved Permanently")；
header ("Location：http://www.seochat.org/")；
exit ()；

6.2.2 相关知识

（1）重定向简介

重定向是指把对一个域名、目录或者文件的访问请求转发至另一个域名、目录或其他服务器空间上，当用户发出相应的访问请求时将自动跳转到指定的位置。

常见的重定向有 301（永久重定向）及 302（暂时重定向）两种。重定向常用于域名或者目录变更的情况，可以有效实现新旧域名或者新旧目录之间的无缝对接。不管是对于普通用户还是搜索引擎都是十分友好的，但由于一小部分人利用重定向向搜索引擎返回经过特别优化甚至是作弊的页面，搜索引擎已经把部分重定向方式列入违规行为的行列。

（2）URL 重写

URL 重写也就是前面介绍的 URL 重定向，目的是实现动态 URL 的静态化。以重写方式实现的 URL 静态化，服务器在处理用户请求时的工作方式并没有改变，而且还增加了对请求进行重定向的处理过程，但搜索引擎会把静态 URL 指向的页面当作是静态页面。因此，URL 重写实现的 URL 静态化，也称为伪静态。

①与 URL 重写相关的概念

在正式介绍 URL 重写前，先介绍几个与 URL 重写相关的概念：动态 URL、动态网页、静态 URL 和静态网页。

a. 动态 URL

动态 URL 的一个特征就是包含 "?" "%" "&" "%" "+" "$" 等环境变量符号。例如，"http://www.seochat.org/list.php?id=10" 就是一个典型的动态 URL。

b. 动态网页

动态网页指的是采用 ASP、PHP、JSP、CGI 等程序语言动态调用数据而生成的"页面"。这些"页面"中的大部分内容调用自与网站相连接的数据库，并不存在于网络空间中。只有当服务器接到用户的访问请求时，才调用相应的数据并生成相应的页面返回给用户。

c. 静态 URL

与动态 URL 不同，静态 URL 是指不包含任何变量的 URL，它指向的文件也是实际存在的。文件类型可以是 HTML，也可以是 PHP、ASP 或者 JSP 等；而页面的内容可能是从数据库里直接调用，也可能是存在于页面的 HTML 内容中。

例如，以下就是典型的静态 URL：

(1) http://www.seochat.org/contactus.htm

(2) http://www.seochat.org/contactus.php

(3) http://www.seochat.org/contactus.jsp

d. 静态网页

静态网页是指网页中的内容是实际存在的，不需要通过程序调用数据而生成，常见静态网页的文档类型包括 HTM、HTML、SHTM 及 SHTML 等。例如，"http://www.seochat.org/html/service/20080218/328.html"中的"328.htm"就是一个静态网页。

静态网页不管对搜索引擎还是普通用户都比较友好，因为用户或者搜索引擎在请求静态网页时，不需要执行从数据库里调用数据的过程，而是直接得到相应的页面，加快了页面访问的速度。因此，在对网站进行优化时，我们更偏向于采用静态网页。但是，一个网站的数据量通常是巨大的，我们不得不采用数据库对网站内容进行管理。为了解决这个矛盾，我们可以采用 URL 重写或者生成静态页面的方式。

② URL 重写原理

URL 重写是截取传入的请求并自动将该请求重定向到其他资源的过程。执行 URL 重写时，通常会检查被请求的 URL，并基于 URL 的值根据预设的规则将请求重定向到其他 URL 上。例如，浏览器发来请求"http://www.seochat.org/youhua.html"，服务器自动将这个请求定向到"http://www.seochat.org/list.php?id=1"上，这样用户就可以通过"http://www.seochat.org/youhua.html"访问到资源"http://www.seochat.org/list.php?id=1"。

经过 URL 重写后，动态页面不但没有改变原来的工作方式，还增加了 URL 进行重新定向的步骤。但是，我们却可以得到搜索引擎重视的"静态页面"。

③ URL 重写的实现

URL 重写在不同的服务器软件环境下实现的方法是不一样的。这里介绍几种常见的 URL 重写方法，包括 Apache 服务器、IIS 服务器和 ASP.net。

a. Apache 服务器

Apache 是目前最流行的 HTTP 服务器软件之一。它有一个叫作"mod_rewrite"的重写模块，该模块能够让你将包含环境变量的 URL 转换为搜索引擎能够支持的 URL 类型。不过 mod_rewrite 不是 Apache 软件安装中的默认模块，因此你应当咨询你的服务器提供商，查看你的服务器上是否已经安装此模块。

b. IIS 服务器

想要 IIS 支持 URL 重写，得先装 ISAPI，试用版下载地址为 http://www.seochat.org/download/ isapi.msi。

c. ASP.NET

关于 ASP.NET 的 URL 重写实现可参考微软的官方网站，以下是中文版的说明：http://www.microsoft.com/china/msdn/library/webservices/asp.net/URLRewriting.mspx?mfr=true。

URL 重写可以有效缩短 URL 长度，为 URL 优化打下基础。而且，URL 重写还能隐藏文件的真实路径，提高网站的安全性。URL 重写为静态 URL 后，页面更容易被搜索引擎收录，也能得到更高的权重。

但是，URL 重写会占用一定的服务器资源，从而影响网站的访问速度及加大硬件的投入，这在访问量比较大的网站里表现得尤为明显。

（3）生成静态页面

除了使用 URL 重写的方法实现页面静态 URL 效果外，还有一种常见的办法就是利用程序把相关的内容生成静态页面。这样，既能使用数据库管理庞大的信息，又能提高页面访问速度，满足用户的需求，提高页面的权重，正所谓一举多得。

①普通用户

普通用户通过浏览器发送指定的 URL 请求，Web 服务器收到请求后定位到指定的文件，或者根据程序从数据库中调用相应的数据返回到浏览器。经过浏览器处理后，用户就可以看到一个完整的文件。

②搜索引擎

搜索引擎也相当于一个客户端，只是搜索引擎是一个比较特殊的客户端。搜索引擎在对指定的 URL 发送访问请求后，也像普通用户一样能得到一个文件。再对该文件进行分析，提取其中的信息并存储。

对于搜索引擎来说，不管是抓取静态页面还是动态页面都不存在任何的困难。

而且，搜索引擎获取静态文件的速度相对更快，这样搜索引擎就能够在同样的时间内获取更多的信息。因而，搜索引擎会更重视静态页面，并赋予静态页面更高的权重。

实际上，我们不可能把网站中所有的内容都做成静态页面，却可以对动态页面进行相应的处理，让其对于搜索引擎来说是静态的，这就是常说的动态页面静态化。常用的方法有 URL 重写及生成静态页面。

项目七

搜索引擎营销方案设计

知识目标：

- 了解案例需求的分析方法
- 理解关键词
- 了解 URL 链接优化方法

能力目标：

- 能对网站进行优化分析
- 会对关键词进行运用
- 能对内网标题进行优化

任务1　铁友网站搜索引擎优化

7.1.1　案例描述

本文实例研究选用铁友网站（http://www.tieyou.com/），选用这个网站的原因是它有着不错的优化技巧，也有需要改进的地方，所以选用这个网站。目前检索关键词"火车票"百度排名是第一页第 5 位；检索关键词"火车票预定"百度排名是第一页第 4 位；检索关键词"火车票查询"百度排名是第一页第 6 位；总体来说网站的检索结果可以显示在百度搜索引擎排名第一页的位置。

用百度内置查询方法 site:www.tieyou.com 查询到该网站被百度收录的网页达到 603 000 篇，所以这个网站有可研究性。

（1）案例市场需求

铁友网站是在线提供火车票、汽车票、飞机票及酒店预订的网站。火车票、汽车票、飞机票及酒店预订等为网站的主要服务项目，火车票的订单查询、快速退票、预售时间和查代售点等为火车票项目主要功能。

(2) 网站优化分析

网站优化目标是能频繁在搜索引擎结果中排位靠前，将搜索有关车票信息的用户都"吸引"到网站上来，并通过丰富的内容和良好的服务，满足用户对信息的需求，让用户认可网站，成为网站客户。在这样的目标要求下，为了让网站在搜索引擎中表现优秀，更容易被搜索用户发现，对网站进行全面、细致及有效的面向搜索引擎的优化工作成为重中之重。

经过对网站的仔细研究之后，可以认为网站已经对整站、频道进行了全方位的优化工作，重点提高了搜索引擎收录网页的数量、各级网页级别及网站权重。同时，分析出了有效的关键词并通过一些策略布置到网页中，所以提升了一系列关键词在搜索引擎中的排名。

7.1.2 相关知识

(1) 网站关键词优化

①关键词选取

分析用户搜索行为之前，需要明白关键词选取的基本原则：第一，关键词不能过于宽泛，也就是说尽量不要选取通用关键词，有的关键词每日的搜索量巨大，如果能在该关键词上取得好的排名则肯定能引入不错的流量进而可以提高在线销售的转化率，可想而知，这个关键词的竞争将非常激烈。这些通用关键词，竞争者数不胜数，而且这些关键词吸引来的流量并不具有很强的目标性。第二，关键词也不能过偏，过偏的关键词取得好排名要容易得多，但是引入的用户量将会小。

在研究关键词的选取策略时，以竞争量、搜索次数和关键字效能3个指标来做数据证明，需要明白的是在选择关键词时需要注意以下两点：第一，选择效能最高的2～3个关键词作为你主页的目标关键词，其他相关关键词作为辅助；第二，选择被搜索次数最多、竞争最小的关键词。

②关键词运用

关键词的选取只是运用的开始，选取好网站关键词后，就需要让它为网站带来切实的改变，那就需要贴切地对相关的关键词进行标签设计，这有两个步骤：第一，添加 title 标题标签，标题是网站的最宝贵的资源，搜索引擎认为标题是在浏览器标题栏里面显示，因为要显示给用户，所以它是HTML文件最重要和最简洁的摘要。适当突出关键字在标题的比重非常有利于排名的提高，所以使它在搜索引擎优化技术中是比较重要的。第二，添加描述性meta description标签、关键词meta keywords标签，meta为元标志，位于网页的<head>与</head>中。Meta标签目前几乎是所有的搜索引擎自动查找来给网页分类的标准，借此判断网页内容的基础。而两个标签添加的目的也是为了增加网站的关键词密度，该指标对搜索引擎的优化起到关键的作用。为自然提高在搜索引擎中的排名位置，网站中页面的关键字密度不能过高，也不要过低，一般在2%～8%较为合适。

（2）网站结构优化

并不是代码加上内容就可以成为一个优秀的网站，优秀的网站结构应具有清晰的层次和文本链接（如图7-1所示），清晰的纯文本的网站导航系统，需要构建"站点地图"页面，这样的网站方便蜘蛛机器人快速遍历网站所有需要发布的内容，也就是说，不要让蜘蛛机器人迷路就要注意不要让你的内部链接架构混乱，当网站把蜘蛛机器人拒之门外，那么搜索引擎就会将网站拒之门外，所以对网站结构的优化的研究很有必要。

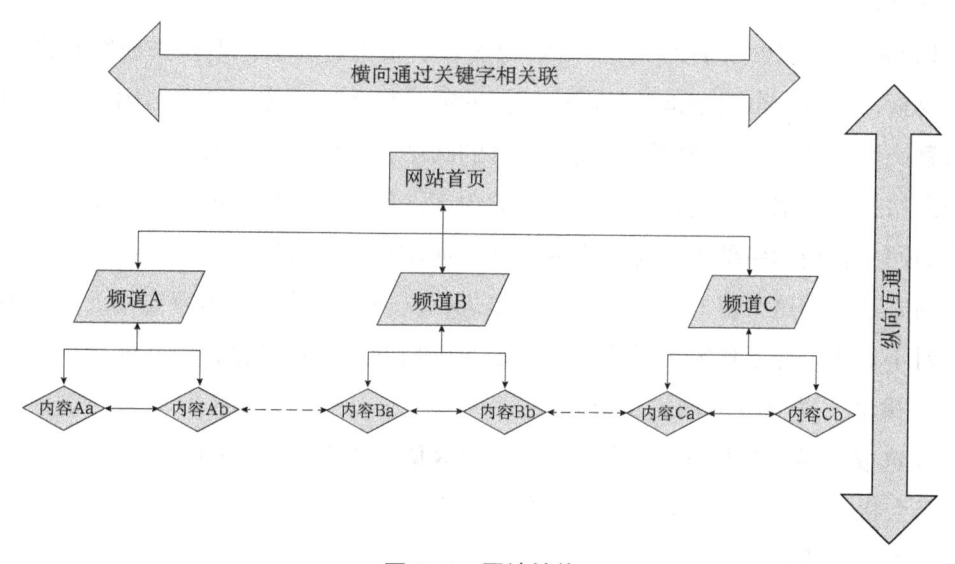

图7-1 网站结构

① URL链接优化

网站的URL是访问网站内容的开始，首页的URL设置重要性是众所周知的，在此就不再赘述，那么要如何去规范化URL（特别是内页的URL）就成了重要的论题。对于浅意义理解 SEO 来说，内页网址 URL 规范化似乎毫无作用，但是深层理解 SEO 整站优化理念时，内页 URL 的规范化显得尤为重要。它是决定网站的收录数量、长尾词排名数量、站内部链接等关键的一步。铁友网的 URL 链接优化使网站路线更清晰，搜索引擎蜘蛛向下爬行更方便。

②内网标题优化

首页标题和书的书名一样，而内网标题就好像每章的题目。我们在看一本书的时候最先判断其所讲内容也是从章的标题入手。同样的道理，搜索引擎了解一个网页内容是关于什么，也是从标题入手。内网的标题也是影响排名的最重要因素之一，标题告诉搜索引擎这个访客，这个网页是关于什么的。内网标题的作用就是，让搜索引擎将该网页编入某关键词的结果。

③面包屑导航

面包屑导航的意义在于明确告知用户目前处于网站的何种位置，方便用户通过该导航快速达到上级页面，更重要的是告知搜索引擎蜘蛛机器人如何回到上级页面。面包屑导航列出用户所处页面的所有上级网页（逻辑结构）的名称及文字链接。

④链接广泛度

以 Google 为代表的搜索引擎制定的搜索引擎排名算法，不仅关注网站内部的一些要素，也将一个网站被其他网站链接的数量作为一项主要的排名因素，因为搜索引擎认为，网站一般倾向于链接高质量的网站，因此对一个网站的链接就相当于为该网站投了一票，这就是链接广泛度的由来。增加链接广泛度的重要作用就是可以增加网站在搜索引擎中的排名优势，那如何增加链接的广泛度呢，可以通过交换链接的方法达到这个目的。需要注意的是进行交换链接的网站内容要相近，且不是竞争对手，所以并不代表可以毫无策略地与任何网站交换链接，最好就选择网页级别数（PR 值）大于 4 的网站交换链接。

在选取外部链接方面有一定的要求，如 PR 值大于 5 的互换链接才可以放在主页，这样将会极大提高了网站链接的广泛度。

⑤页面信噪比

设法降低网页的页面信噪比，在网站中的网站信噪比是指和目标关键词相关的内容占总网站内容的比例，网页中如果存在搜索引擎认为与某一搜索词没有任何相关性的内容（即搜索引擎无法判断该段内容与搜索关键词之间的关系），那么这些内容即为该关键词的干扰信息。这些干扰信息可能包括 Flash、图片，以及与关键词内容相关却十分冗长的段落文本等。所以设法降低网页信噪比，才能提高网站的质量和清晰度，主要有两点：第一，运用层加样式表的模式，能够很好地将网站中用来表现的样式和网页的主体内容分离出来；第二，外置 CSS 和 JavaScript，这样蜘蛛机器人才不会搜索到和网页内容无关的代码，使被收录的内容更多、质量更好。

铁友网在提高网站质量，降低网站信噪比方面也做出了努力：整个网站都是运用 DIV+CSS 的模式，而在外置和内容无关代码方面也有相当好的表现：

> 外置样式表：`<link href="/css/css.css" rel="stylesheet" type="text/css" /><link href="/css/index.css" rel="stylesheet" type="text/css" />`
>
> 外置 JavaScript 代码：`<script type="text/javascript" src="/js/main.js"> </script>`

⑥网页减肥

搜索引擎机器人对于静态的、简单的、信噪比低的网页有较高的友好度，在对网站结构优化的过程中已经运用了各种方法来提高网页质量，信噪比更低。在网页减肥方面还有需要改进的地方，网页减肥主要是为了提高网页的流量速度，使搜索引擎收录速度更快，网页可以运用减肥软件除去空白或者无意义的区域，这些区域对搜索引擎蜘蛛来说就是无法读取的信息，如空格、制表符、换行符等。在运用颜色的地方也可以用短格式的颜色，使用 16 进制或者全颜色名称。例如，#ff0000 可以改用 red 表示，这样就减少几个字符。

⑦树形网站地图

网站地图是一个罗列网站所有链接通道的网页，浏览者可通过站点地图浏览所有页面，网站地图最起码要包括网站的主要的内容链接或者栏目链接。根据网站的大小，页面数量的多少，它可以链接部分主要的或者所有的栏目页面。

一个清晰的网站地图应该是树形的，也就是根目录下分成多个频道，或者叫类别、目录等，然后在每一个频道下面再放上属于这个频道的网页。

表 7-1 为 Google 网站的网站地图，无论对搜索引擎蜘蛛或是对浏览者，树形的网站地图有清晰的引导作用。

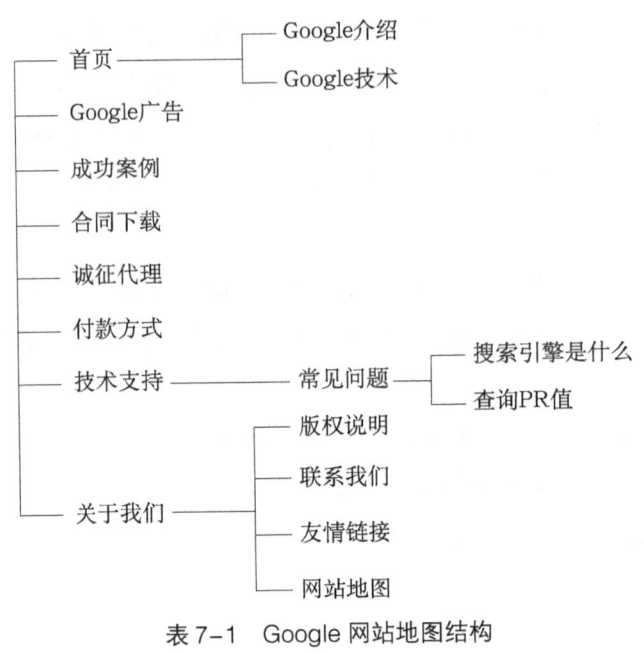

表 7-1　Google 网站地图结构

任务 2　一淘网搜索引擎优化

7.2.1　案例描述

一淘网作为阿里巴巴集团旗下的独立购物搜索引擎，主要为消费者提供全网比较购物，帮助用户找到整个互联网上最物美价廉的商品。在推出全网账号后，一淘将帮助消费者实现最便捷、最实惠的一站式购物。

"比价"一直被业内认为是购物搜索对于网购用户的核心价值所在，同时也一直是一淘网主打的核心功能点之一，点击进入商品搜索页面后，可以发现包括京东商城、库巴网、当当网等商家都已经按价格排序收录在其中，一淘也并没有给淘宝商城或是淘宝网内部商家以更好的位置。消费者只需要在一淘网页面登录淘宝或支付宝账号，即可在商品搜索结果中直接购买新蛋网、易迅网、库巴网等百余家独立B2C网站的商品，无须重复注册与登录，鼠标一点即可轻松"购"遍全网。在一淘上搜索某种商品之后，买家基本可以在搜索结果中获得该商品全面的商品资讯，并一直到买到自己满意的商品。

一淘网的搜索框下设导购、商品、淘吧、问答、网页和机票6个选项卡，用于商品信息的精确定位，即在用户输入目标词汇之前，就能对搜索引擎返回的结果做出信息范围的选择，默认的是商品选项卡。不仅如此一淘网还可以由顾客自主决定商品在网页上的排序，价格升序、价格降序、信用升序、信用降序等。

当网民以购物为目标但使用的是传统搜索引擎时，会发现搜索引擎返回的搜索结果和自己的购物心理有很大的偏差，这也正是传统的搜索引擎面临的一个问题，其呈现的信息已经按照搜索引擎自身的规则进行了排序。例如，百度的竞价排序，用户在信息排序调整上的权限很小，只能被动接受。

现在搜索引擎没有的功能才是真正的蓝海，最近一淘网的打折搜索，除能搜索到普通的打折方式，还覆盖"满就减""团购""限时特价"等网络促销活动，并且结合淘宝海量的用户购物习惯，可以说效果非常不错，引来业界的一致好评。这个是很实用的功能，让电子商务企业眼前一亮，谁都想把最新的促销方式以最快的速度展示出去，而一淘搜索实现了这个功能。一淘现已经联合了搜狗、必应，据估计视频搜索及人民搜索的合作已经在洽谈中，几家大的企业集中各自优势全同发力，将促进搜索市场的有力发展，市场格局将会改变。在电商这个领域，阿里巴巴可以说是一枝独大，现在还没有哪家企业可以超越，从营业规模、用户群、购买习惯、平台开放程度、商品商家数量等，这些都是一淘搜索成功的基础，并且在电子商务技术领域、基础服务平台领域一淘都具有广泛的竞争优势。

7.2.2 相关知识

（1）垂直搜索引擎

垂直搜索引擎是针对某一个行业的专业搜索引擎，是搜索引擎的细分和延伸，是对网页库中的某类专门的信息进行一次整合，定向分字段抽取出需要的数据进行处理后再以某种形式返回给用户。垂直搜索是相对通用搜索引擎的信息量大、查询不准确、深度不够等提出来的新的搜索引擎服务模式，通过针对某一特定领域、某一特定人群或某一特定需求提供的有一定价值的信息和相关服务。其特点就是"专、精、深"，且具有行业色彩，相比较通用搜索引擎的海量信息无序化，垂直搜索引擎则显得更加专注、具体和深入。

①垂直搜索引擎策略

垂直搜索不只是类 Google 的行业通用搜索。以房产行业为例，如果我们按照 Google 抓取网页的方式，来建造一个房产行业 Google 的做法，是行不通的。技术壁垒不用解释，就算我们借助 nutch、lucene 等搜索技术来做，我们也无法提供差异化的服务,而没有差异化的产品在互联网赢家通吃的规则下是无法生存的。所以不要简单地模仿,而要想办法形成互补。

②垂直搜索特点

a. 快速

直达各大知名网站、论坛、联盟站点,数据实时更新,中文直达服务让用户搜索一步到位。商家可以提交自己的关键词,让客户输入关键词直达您的网站,增加无限商机。直达网站内各频道、栏目站内直达,满足用户在网站的全方位服务。

b. 方便

提供强大的搜索功能,多款引擎随时切换,让用户操作变得更加轻松便捷。用户进入搜索首页,浏览器会提示用户发现了新的搜索引擎,并可将其设为默认。

c. 内容全面

聚合常用搜索及垂直搜索,聚合各大热门搜索引擎,聚合多项搜索多重性能。

d. 兼容

界面设计符合标准,在不同内核的浏览器上均可正常使用。

e. 安全

收录大量网上银行、证券、股票、咨询、新闻等网址,不再担心进入钓鱼网站。所有直达关键词网站,均严格经过叮铃铃各项指标的检验,有力地排斥了虚假广告、假冒产品、不良信息的商家网站。

f. 精准

垂直搜索引擎一般都提供了比较精准或者细化的搜索服务,因此使用垂直搜索引擎有时候能取得更精准的搜索结果。

(2) 点击付费广告

①点击付费广告简介

点击付费广告称为PPC(Pay-Per-Click),它的工作过程为先在PPC系统上注册提供付款账号,开通一个广告用户账号;创建广告,提供标题、描述、链接信息;将关键词同广告关联,为关键词出价。

一般说来,关键词出价,就是在搜索结果页面的位置出价,但是,各种PPC系统在算法上还是有些细微的差别,如Google还要考虑点击率、相关性等。

② PPC的特点

a. 针对性强,一般来说点击广告者的目的性很强。

b. 流量比较稳定,谁需要谁付费。

c. 按每次点击费用（CPC）付费。只需要按自定的价格支付点击费用，但是这个价格并不适合所有的公司。

d. 认识差异。许多人不去点击搜索结果中赞助商链接，因为他们不信任。

因此，针对 PPC 的特点，各种规模的公司可以制订自己的相关策略，不过不管怎样，这里面有一些基本的原则需要遵循，以提高 PPC 的性价比。

③ PPC 广告原则

PPC 广告投放的基本出发点在于：用较低的价格换取较高的点击转化率。

较低价格是一个相对的概念，需要一个参照物，这需要你以前的数据，那就是平均每一个浏览者对你的价值。统计一下在一段时间内有多少浏览者来到你的网站，他们产生了怎样的行为，如有多少人注册了，有多少人咨询了，有多少成了客户，评估这些行为对你的价值，最后估算出每一位浏览者的价值及你愿意为之付出的费用。把这作为 PPC 每一次点击的参照，当然，你要考虑到通过 PPC 点击得来的浏览者的质量是比较高的，最后确定你的 PPC 的每一次点击的费用（CPC）。

在 PPC 投放中，提高转化率的关键在于关键词的选择上。我们通常不期望通过 PPC 带来多大的流量，而是带来高质量的潜在客户，那么在关键词的定位上需要的是精确，缩小概念的范围，是一个点的概念，而不是一个面。例如，一家生成电视机的企业，采用"21 寸液晶电视"肯定比"电视机"这个关键词有效，当然你还可以进一步缩小范围如"×××牌 21 寸液晶电视"。关键词概念较窄，最好不能再分，可能点击率不高，但是其转化率会更高，这对于按点击付费来说，无疑是很划算的。当然这要根据公司具体的需求来定了，有的公司希望取得较好的转化率的同时有较大的流量，可以适当放宽关键词的范围，以期望不要放过每一个可能的潜在客户；有的公司预算吃紧，那么就需要紧缩关键词。

④ Google AdWords 投放

在 Google 联网的搜索网站上，客户的广告可能出现在搜索结果的侧面或上方，还可能作为用户通过网站的目录转到的结果页的一部分。

a. Google AdWords 广告投放过程包含 4 个基本步骤：

第 1 步：目标客户，从多种主要语言和近 200 个国家（地区）中选择。您甚至可以选择只为特定城市（地区）的用户展示您的广告。

第 2 步：制作广告，输入广告文字并选择会触发这些广告的关键字。

第 3 步：定价，选择要使用的币种，设置每次点击费用（CPC）和每日预算。每日支出金额完全由客户自己来定；无须设定最低预算。

第4步：注册，通过提供电子邮件地址并设定密码即可创建AdWords账户。如果准备启动广告，登录新账户并提交结算信息。

b. Google AdWords的优势

Google AdWords的目标是为各种规模的企业提供最有效的广告服务：

第一，让寻求产品或服务的客户看到您的广告；

第二，每千次展示费用定价——面向那些希望针对具体的内容网站，并通过展示次数付费的用户；

第三，全面控制广告预算；

第四，轻松制作和修改广告；

第五，可以在完成制作后几分钟内在Google上看到广告。

Google还努力为客户提供最友好和最专业的客户服务。对于在电子邮件中提出的任何问题，Google通常会在一个工作日内及时予以答复。客户还可以全天候地查阅详细的效果报告，帮助您跟踪广告系列的效果。

⑤ Baidu关键词广告

a. Baidu关键词广告步骤：

第一步：用户输入关键词，如电磁阀（如图7-2所示）。

图7-2 输入关键词

第二步：在用户搜索的结果中，排名企业的推广信息优先显示在用户面前（如图7-3所示）。

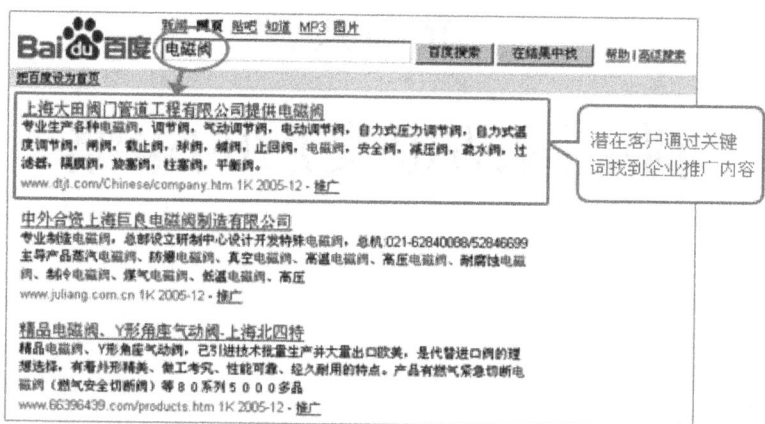

图 7-3　用户搜索结果

第三步：用户点击进入企业网站，浏览企业产品具体信息，与企业联系，产生订单（如图 7-4 所示）。

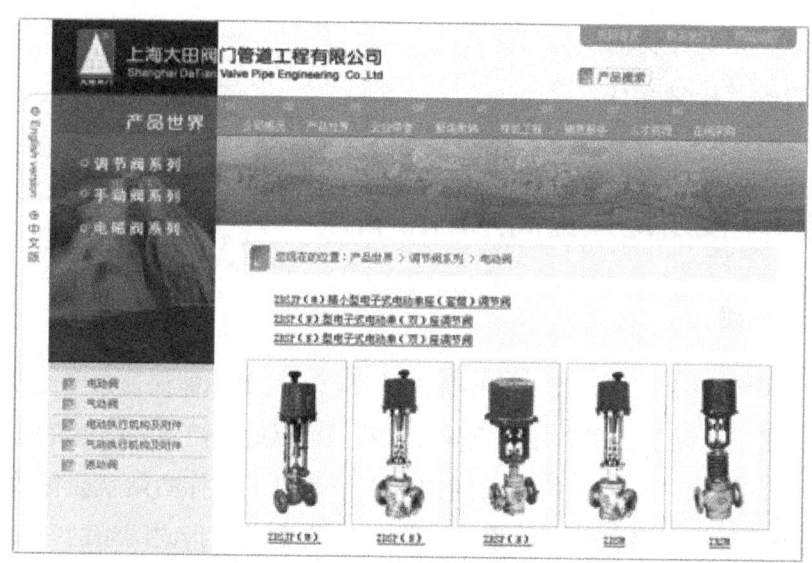

图 7-4　进入企业网站

b. Baidu 关键词竞价排名投放步骤：

第一步：在百度上注册竞价排名账户；

第二步：缴费开户，在服务人员帮助下选择关键词；

第三步：提交关键词，审核通过，排名生效；

第四步：根据推广情况随时调整关键词，达到最佳效果。

项目八

制定网站提交后的策略

知识目标：

- 理解网页 PR 值
- 掌握 Hub 和接邻因素
- 了解链接的基本原则

能力目标：

- 能使用链接提高网站排名
- 能规范链接式样

▶ 任务 1　使用链接提高网站排名

8.1.1　任务描述

　　仅向搜索引擎提交网站还无法保证网站被收录，更不能保证该网站获得好的排名。我们不止一次地提到了链接的重要性，我们可以通过使用链接提高网站排名。
　　一段时间以来，只要你的网站到搜索引擎注册了，你的站就会被收录，说不定还会获得较好的排名。但是，现在，Google 决定采用指向网站的链接来作为判断网站是否匹配的又一个因素。并且认为，如果网站获取的链入越多，相当于其获得的投票越多，那么网站就越重要。我们反复强调链接是重要的，在很多情况下，链接意味着你的网站是否被搜索引擎收录或者不被收录，是取得较好的排名还是不好的排名。我们将讨论所谓的链接流行度，关于链接的全面的知识及如何获取链接。

8.1.2 相关知识

（1）链接指向网页的作用

①链接能够使搜索引擎非常容易地找到网页。

因为搜索引擎是通过链接在网页间爬行，链向网页的链接越多，当然该网页就越突出，就会越快地被搜索引擎索引。

②搜索引擎根据链接到网页的链接数量来作为评估网页分值的一个因素。

如果有很多的网页链向你的网页，那么搜索引擎对你网页的评分肯定要高于那些链接较少的网页。如果有很多网页链向你的网页，而那些网页本身被许多网站链接的话，那么搜索引擎会真实的认为你的网站很重要（Google 把这种评分叫着 PageRank，即 PR 值，要知道，不仅只有 Google 将链接作为衡量评分的指标）。

③链接为搜索引擎提供了所链向页面的信息。

链接文本一般包含关键词，搜索引擎将它作为有关于你网站的主题信息加以收集，有利于搜索引擎对你网站的内容进行判断。

④链接不仅帮助搜索引擎索引你的网站，并且帮助人们找到你的网站。

（2）网页 PR 值

① PR 介绍

搜索引擎根据链向你网页的链接分配一个网页级别值给网页。其中一个非常为人们熟知的是 Google 的 PageRank，即 PR 值。这个值是根据链向网页链接的数量和类型做出的评估。

PageRank 在搜索引擎优化领域被频繁地使用。首先，Google 是世界上最为重要的搜索引擎。尽管在 2004 年，yahoo！放弃从 Google 那里获取搜索结果，改而采用自己的搜索引擎，虽然这有一些影响，但是 Google 仍然是世界上占据市场份额最大的搜索引擎。其次，PR 值的量度非常直观，可以通过 Google 的工具条非常方便的查看你打开网页的 PR 值，这并不需要高深的学问。

关于 PageRank 的算法，在早期 Google 的创始人 Sergey Brin 和 Lawrence Page 还在斯坦福大学的时候，在一篇论文上提到过。我们不能肯定现在 Google 的算法同论文上发表的一样，但至少应该很接近。虽然我们将焦点集中在 PageRank，其他的搜索引擎也是采用类似的算法，只要你采取措施努力提高你的 PR 值，对其他的搜索引擎来说会有同样的效果。

当你用 Google 搜索某一主题的时候，Google 会根据你的关键词在它的数据库搜索相关收录的页面，判断页面的相关程度。Google 会考虑许多特征：如 title 标签的描述、关键词在网页中的状态（是否是粗体、斜体，或者是否处于列表中）、关键词在页面中的位置等，当然还要考虑 PR 值。在一些搜索结果中，页面 PR 值低的反而排在页面 PR 值高的前面。出现这样的情况说明高 PR 值页面提供的内容综合评估值低于了低 PR 值页面。

② PageRank 的运算法则

$PR(A) = (1-d) + d(PR(t_1)/C(t_1) + \cdots + PR(t_n)/C(t_n))$，

式中：$PR(A)$——页面 A 的网页级别；

d——阻尼系数，一般设置为 0.85；

$t_1 \cdots t_n$——代表链向页面 A 的网页；

C——表示网页 t 的链出数量。

当一个网页被 Google 索引的同时，就被赋予了一个初始的 PR 值。这个值会非常小，但是他是存在的。

只有页面在被 Google 索引后，才会具有 PR 值。如果链向你的页面没有被 Google 收录，那链向你网页的链接，对于你来说没有任何的作用的。

当你在网页上放置一个链接指向其他的网页，相当于你就对链接指向的网页进行了投票，网页获得的投票越多，PR 值就越高。

链向其他的网页，不会降低原网页的 PR 值，但是能够增加接受链接的网页 PR 值。

页面没有链出是对 PR 值的浪费；同时也没有对其他的网页投票。

如果是只有链入，没有链出的网页，只需要一个简单的链接，就可以建立一个通道，让 PR 值导向你的网页。这并不存在问题，因为绝大多数的网站每一个页面都具有相同的导航栏，它们通常被放在网页的底部。

你可以通过两种方法来提升你网站的 PR 值：

a. 增加你网站的页面数量

这个增量是很小的，因为网页的初始 PR 值是很低的。

b. 从外部获取链接

获得反向链接的网页的 PR 值获得显著的增加。将反向链接指向你最重要的网页，一般是网站首页，以利于他在搜索引擎中取得好的排名。首页会通过内部链接将 PR 值分配给站内的其他页面，但是通过这种方式的 PR 值增长是十分有限的。

网站是不具有 PR 值的，是网页具有 PR 值。通常是网站的首页具有较高的 PR 值，其他内部页面具有较低的 PR 值。下面有两条相关的要点:你可以通过单个的链接向链接的页面传递较多的 PR 值。如果页面是一个 PR 为 5 的网页,只要你确保只有唯一的一个链接链向另一个网页,那么该网页会获得所有的 PR 值。你同样可以通过许多的链接将网页的 PR 值均衡的分配给站内的其他网页。最通常的方法是每一个网页都能够通过链接链向站内的其他所有网页。

但是,不要刻意把这作为一种搜索引擎策略,首先要保证数量众多的网页内容要不同。不要仅仅是为了提升 PR 值去创建成百上千的网页,如果都是些垃圾内容会毁掉整个网站的。可以保留网站中很久远的内容,如很久以前的文章、资料、档案什么的,这些老旧的网页可能拥有大量的反向链接,如果删除会给你带来很大的损失。

(3) Hub 和接邻因素

搜索引擎会参考一些重要的网站,如门户网站、处于中心地位的行业网站等,看你的网站与这些中心网站的接邻关系,即链接的层次关系,这些重要的网站通过几层链接到了某一个网站,当然中间的层次越少越好,能够直接链接到当然更好了,这说明这些重要的网站对该网站投了肯定票,当然 Google 会给予该网站更高的 PR 分值。这就是所谓的接邻因素。

Hub 就是设法使你的网页成为一个链接的枢纽,有大量的链接链入,同时也有大量的链接链出,在一定范围内的链接体系处于中心的地位。

(4) 用关键字做链接

已经讨论过关键词对于网页的重要性,同样,如果用带关键词的链接指向你的网站也非常重要。假如,有上百个带有包含你网页关键内容的反向链接指向你的网页,那么搜索引擎会确实认为你的网站是匹配该关键词重要的网站,给予你足够的重视。

通常所说的文字链接的文字,用术语来说是 anchor text,可以译成锚链文本、锚链,就是处于 HTML 标签 <a></a> 之间的文本,在这文本中包含关键词是非常重要的。

据 Google 创始人 Sergey Brin 和 Lawrence Page 说:"锚链通常提供网页非常精确的描述,甚至超过网页本身""特别是它帮助我们搜索不包含文本的信息,拓宽我们的搜索范围,能够覆盖到那些数量非常少的下载文件。我们利用锚链搜索反馈的结果质量很高。"

换句话说,就是 Google 和别的搜索引擎利用链接文本去判断网页的内容。链接甚至能够帮助搜索引擎在不能读取文件的时候帮助它判断文件的内容。

打开一个网页仔细看看它的链接。也许你可能会发现下面一些问题:

- 图片链接:搜索引擎是不能读取图片的,当然更不能从图片中获取关键词了。不过可以在图片的 ALT 属于项添加相关的关键词,但是在搜索引擎看来,ALT 属性文本的权重是不如文本链接的。
- 一两个词的链接,还有公司名的链接:在大多数情况下,公司的名称帮不了你多少忙的,你应当使用你的潜在客户、浏览者可能用的关键词。

(5)链接的一些基本规则

链接非常有价值,能够帮助你提升在搜索引擎中的排名。

- 来自于网页内容相关度高的链接要比相关度低的网页更具有价值;
- 来自于网页 PR 值高的链接要比网页 PR 值低的更具有价值;
- 所有链向你网页的链接都会有贡献的,即使它的 PR 值非常低。
- 网页的链出链接越多,对你的 PR 值贡献就越少,因为 PR 值被分摊了,在一些情况下,PR 值低的网页如果链出少反而会比 PR 值高链出多的网页对你的网页 PR 值贡献大;
- 当链接包含关键词的时候链接非常具有价值,它将会向搜索引擎提供非常有价值的信息,帮助搜索引擎做出判断,有利于网页的排名;
- 作为链接策略,让你的网站处于一种中心地位,与重要的网站接邻将会发挥巨大的能量,让搜索引擎格外关注你。

任务 2　建立链接

8.2.1　任务描述

看看这样一个例子:

```
<!-- BEGIN HTML CODE -->
<A HREF="http://www.cgvalve.cn"  Target="_blank"> <b>China valve supplier</b></a>
    - ChuangGao Valve,china professional valve provider, supply Cast Steel Valve, Forged Steel Valve, Water Control Valve, Hydraulic control valve...
<!-- END   HTML CODE -->
```

链接的显示式样：China Valve supplier – ChuangGao Valve,china professional valve provider,supply Cast Steel Valve, Forged Steel Valve,Water Control Valve,Hydraulic control valve...

要尽可能地由你来指定链向你链接的式样，不要放任他人来做主。我们可以通过一些链接检查工具来检查链接的式样、状态。

8.2.2 相关知识

（1）注册地址目录

在前面我们已经讲到过了从地址目录获取链接，主要是 Yahoo！目录和 ODP。并且我们知道，注册的重要性不仅在于访问者能够从目录中直接找到我们，还在于搜索引擎会经常读取这些目录。

例如，Google 就同时从 Yahoo！目录和 ODP 获取数据，并且 ODP 中的数据还被其他为数众多的小型搜索引擎所采用。这些链接还具有高度的相关性，它们在目录中被分类存放。加入地址目录是我们链接战略的第一步。

（2）发动亲友

发动所有你认识的人给你加上链接。许多人都有自己的博客，让他们在博客上给你加上链接。让这些认识的人帮你到他们的朋友圈去宣传。当然你要事先准备好宣传用的资料、链接式样，确保宣传的准确性和链接文本中的关键词准确。

（3）发动员工

员工常常会为你带来意想不到的方向链接，他们会经常在论坛之类的地方谈论到公司。那么向每一个员工发一封邮件，让他们在自己的网站、博客中加一个链接，在论坛上发帖、回帖用带有链接的签名。

（4）联系行业组织

行业组织或协会的站点是你应当引起重视的非常有用的免费资源，如果你是他的会员的话，那就联系他们，把网站加入到他们的会员列表中。这些行业组织包括你当地的区域性行业组织和国家级别行业组织。

（5）与有业务往来的公司交换链接

与你有业务往来的上游和下游厂商联系，让他们的网站链向你的网站。如果对方是非常有名的著名企业的话，那你将受到意外的收获，或许能从这类网站引回大量的流量，还会得到搜索引擎的关注。

（6）付费购买链接

也许你考虑过通过购买广告的方式获取链接，那你得先考虑一下下面的两个问题：

- 广告一般意味着高价钱，如果你仅仅是为了获取链接的话是否值得。
- 广告链接经常不是直接链接到你的网站的。你得仔细分辨，它们经常是首先链接到广告商的网站，然后跳转到你的网站，搜索引擎可不认为这是链向你的网站了。我们在前面提到过这个问题了。

但是，在一些情况下，购买广告获取一个高质量的链接是一个明智的举动。假如有一个网站，你的许多潜在的客户会经常光顾它，如果花费不高、能够在突出的位置显示、并且确保是直接链接到自己的网站，那么这样的网站是值得你花钱购买广告的。

参考文献

[1] 昝辉. SEO 实战密码：60 天网站流量提高 20 倍 [M]. 北京：电子工业出版社，2012.

[2] 王楗楠，王洪波. SEO 网站营销推广全程实例 [M]. 北京：清华大学出版社，2013.

[3] 江礼坤. 网络营销推广实战宝典 [M]. 北京：电子工业出版社，2012.

[4] 金楠. SEO 搜索引擎实战详解 [M]. 北京：清华大学出版社，2014.

[5] 吴泽欣. SEO 教程：搜索引擎优化入门与进阶 [M]. 北京：人民邮电出版社，2014.

[6] 欧朝晖. SEO 智慧：搜索引擎优化与网站营销革命 [M]. 北京：电子工业出版社，2009.

[7] 周亮. 搜索引擎营销向导 [M]. 北京：电子工业出版社，2012.

[8] 黎雨. 网络营销之 SEO 无敌宝典 [M]. 北京：清华大学出版社，2014.